下属-领导依恋关系对员工创造力的影响机制研究

XIASHU-LINGDAO YILIAN GUANXI DUI YUANGONG CHUANGZAOLI DE YINGXIANG JIZHI YANJIU

杨琴 著

汕头大学出版社

图书在版编目（CIP）数据

下属－领导依恋关系对员工创造力的影响机制研究 / 杨琴著 . -- 汕头：汕头大学出版社，2018.12

ISBN 978-7-5658-3783-8

Ⅰ . ①下… Ⅱ . ①杨… Ⅲ . ①企业管理—人事管理—研究 Ⅳ . ① F272.92

中国版本图书馆 CIP 数据核字（2019）第 029236 号

下属—领导依恋关系对员工创造力的影响机制研究
XIASHU-LINGDAO YILIAN GUANXI DUI YUANGONG CHUANGZAOLI DE YINGXIANG JIZHI YANJIU

著　　者：杨　琴
责任编辑：邹　峰
责任技编：黄东生
封面设计：汤　丽
出版发行：汕头大学出版社
广东省汕头市大学路 243 号汕头大学校园内　邮政编码：515063
电　　话：0754-82904613
印　　刷：北京虎彩文化传播有限公司
开　　本：787mm × 1092mm　1/16
印　　张：11.75
字　　数：167 千字
版　　次：2018 年 12 月第 1 版
印　　次：2019 年 3 月第 1 次印刷
定　　价　45.00 元
ISBN 978-7-5658-3783-8

前　言

随着外部环境的迅速变化，激烈的竞争压力、不断升级和更替的技术，促使越来越多的组织和管理者意识到激励员工投入创造性工作的重要意义。领导者作为组织情境下员工重要的交往对象，其行为以及其与下属之间关系对员工的创造力有着重要影响。本书基于依恋理论的视角，以中国企业员工为样本，采用实证的方法考察了下属－领导依恋关系对员工创造力的影响及其作用机制。这不仅弥补了以往研究的不足，也为管理者如何营造组织创新氛围提供了有价值的参考。

本书首先对下属－领导依恋关系和创造力相关的理论、概念和研究进行了系统的梳理，共分为四个部分。第一部分对依恋理论及其在组织中的应用研究进行了回顾和总结，介绍了依恋理论的核心概念，依恋对领导力、员工情绪与行为影响的相关研究。第二部分详细介绍了下属－领导依恋关系的概念内涵、影响因素、影响效果及其作用机制。第三部分对创造力的研究进展进行了概述，包括创造力的概念界定、理论模型、影响因素，并分析了已有研究中的领导－下属关系对创造力的影响。第四部分对依恋与创造力之间的关系进行了探讨，重点阐释了依恋关系作为创造力的基础以及相关的实证研究，同时指出了以往研究中存在的不足和改进方向。

在文献综述的基础上，本书开展了四个实证研究。研究一从依恋理论的基本构念出发，通过回顾和比较不同依恋测量方法的理论观点，编制了适合于中国组织情境下的下属－领导依恋关系量表。本研究遵循下属－领导依恋关系的三维度结构，以问卷调查的方法，通过网络调查对 297 名成人进行了初测，又对 328 名不同行业的工作人员进行了正式施测，同时根据心理测量学中量表开发的步骤，验证了量表的信度和效度。研究结果表明，下属－领导依恋关系的三维结构设计具有合理性，下属－领导依恋关系量表具有良好的信度和效度。

研究二探讨了在组织情境下，下属－领导安全依恋对员工创造力的影响及其作用机制。本研究以依恋理论和自我决定理论为基本的理论依据，通过对 263 名校友及其直属上级的问卷调查，发现下属－领导安全依恋通过和谐激情的中介作用对员工的创造力产生积极影响，环境不确定对上述中介效应具有调节作用。具体而言，在高环境不确定的条件下，下属－领导安全依恋通过和谐激情对员工创造力的激励效应更为明显。

研究三考察了下属－领导不安全依恋对员工创造力的影响。本研究以依恋理论和创造力双通道模型为基本的理论依据，通过问卷调查的方法，在三个时间点采集 315 名员工及其直属领导的数据，研究发现下属－领导焦虑依恋和员工创造力之间有"倒 U 型"的关系，而下属－领导回避依恋对员工创造力有消极影响，创造性投入对上述两种不安全依恋关系对创造力的影响有中介作用。另外，工作创新要求调节了下属－领导焦虑依恋对创造性投入的影响。工作创新要求越高，中等程度的下属－领导焦虑依恋对创造性投入的影响越强。工作创新要求同时调节了下属－领导回避依恋对创造性投入的消极影响。在高工作创新要求的条件下，下属－领导回避依恋对创造性投入的消极影响会减弱。

研究四从安全基地的角度，考察了领导安全基地支持行为对不安全依恋员工的创造力的影响。基于三个时间点采集的 315 名员工与直属领导的配对数据，发现领导安全基地支持对下属－领导不安全依恋和员工创造力之间的关系有显著调节作用。员工的创造性自我效能和内部动机在其中起中介作用。具体而言，当领导安全基地支持水平较低时，下属－领导焦虑依恋通过创造性自我效能感对员工创造力的影响更为明显；同时，下属－领导回避依恋通过内部动机对员工创造力的消极影响也更大。

本书在最后章节中总结了主要研究结论，并指出了研究的不足和未来的研究方向。

目　录

1 绪 论

1.1 研究背景

随着时代的发展，社会竞争的加剧，市场对企业的创新能力提出来越来越高的要求（Anderson、Potonik、Zhou，2014）。员工作为企业最重要的人力资本，也是企业创新能力的来源。尽管单个员工对新颖的技术、方法和流程的尝试与探索，最终并不一定能成为企业创新的产品，但是众多员工的尝试和探索聚合在一起，就成为了企业创新成果的基础，也是企业获得市场竞争优势的重要砝码。因此，如何提升员工在工作中的创造力成为管理者日益重视的问题（彭泗清、韩践、赵志裕，2008），也是近年来组织行为学领域的重要研究方向（Zhou、Hoever，2014）。基于员工创造力的重要性，大量实证研究探讨了组织情境中创造力的促进性因素，包括领导风格、发展性反馈、组织创新氛围等（Ohly、Fritz，2010；Zhang、Zhou，2014；顾远东、彭纪生，2010）。其中，领导者行为以及下属－领导关系被认为是重要的影响因素（Chen、Li、Leung，2016）。企业的领导者作为组织的代言人和象征，也是员工在组织中的重要社会交往对象，领导者与下属的关系在影响员工创造力方面有着重要作用（Wang et al.，2015）。

然而现有的领导－下属关系理论在解释创造力方面还存在一些问题。无论是西方组织情境中诞生的领导－成员交换关系（leader-member-exchange，LMX），还是基于中国本土文化提出的上下级关系（supervisor-supervisee guanxi，SSG），都是从社会交换的视角形成的基于契约的关系（郭晓薇，2011）。一方面，在基于社会交换的关系中，必然会产生社会关系比较。当一部分与领导者形成高质量LMX的员工成为“圈内人”，意味着另一部分员工会成为“圈外人”（Kauppila，2016）。在研究过于强调高质量LMX带来的积极作用时，容易忽视低质量LMX所带来的消极作用（Martin et al.，2016）。只有了解不同员工在关系中的具体需求，才能避免“圈外”效应对员工创造性绩效的消极影响。另一方面，在基于社会交换的LMX关系理论中，强调员工需要有相应的绩效产出实现与领导者的资源交换。但当员工从事创造性工作时，往往具有不确定性、复杂性和非常规性的特点（Amabile、Herron，1996），创造性绩效的产生也与其他一般性绩效发生的规律有所差别，因此高质量的LMX并不一定是员工创造力的保证（Harms、Han，2016）。基于以上领导－成员关系理论在创造力研究方面的不足，有必要从其他理论的视角澄清领导－下属关系中真正对创造力产生影响的要素，了解不同员工在工作中对领导关系的差异化需求，并适度满足员工的需求，由此更好地激发员工在工作中的创造力。

依恋理论是心理学中探讨个体人际关系的最重要的理论之一。它描述了个体在社会交往过程中的不同状态，以及基于这种关系状态的认知结构、情绪反应以及行为策略（Bowlby，1982）。近年来，已有越来越多的管理学研究者将这一理论引入到组织行为学的研究中（Yip、Ehrhardt、Black，2016），并考察了个体在组织情境下的依恋，包括对组织的依恋、对团体的依恋以及对领导的依恋等（Game，2011；陈琳、乐国林、王利敏，2015）。依恋理论强调每个人在环境中都会有依恋关系的需求，并且依恋关系是个体在环境中进行探索性活动的基础（Feeney，2004；Feeney、Vleet，2010；Green、Campbell，2000）。领导者作为组织中员工的重要社会交往对象，由于双方权力、地位和资源的不对等，下属员工和领导者之间容易形成一种依恋关系（Mayseless、Popper，2007），这种关系将塑造员工在工作中的认知、情绪与行为，并影响他们在工作中的绩效（Harms，2011）。尽管目前这一领域所展开的研究还非常有限，但是基于下属－领导依恋关系的视角进行研究，将有助于理解员工和领导者互动的关系模式，解读员工在创造性活动中对领导者的差异化需求，从而激发员工在工作中的创造力。

基于上述考虑，本书拟以下属－领导依恋关系对员工创造力的影响机制为主题，采用实证研究的方法，探讨下属－领导依恋关系影响员工创造力的内在机制与边界条件。本书开展了四个实证研究：研究一基于中国文化背景，编制了下属－领导依恋关系量表，并对量表信效度进行了验证，为实证研究提供了可靠的测量工具。研究二探讨了在组织情境中，下属－领导安全依恋关系对员工创造力的影响。研究三考察了下属－领导的两种不安全依恋关系（焦虑依恋和回避依恋）对员工创造力的影响。研究四检验了领导安全基地支持（leader secure base support，LSBS）作为下属－领导不安全依恋对员工创造力的影响的边界条件。

本研究的选题来自国家自然科学基金重点项目“转型期和谐劳动关系：分享型领导、员工心理契约与人力资源策略研究（71232001）”。下属－领导关系是企业和谐劳动关系的重要组成部分。本书试图在中国文化背景下，基于个体的依恋需求，考察领导－下属关系中对员工创造力产生影响的核心要素及其作用机制，探讨领导者如何根据员工不同的心理需求更有效地激励其投入创造性工作，为促进企业和谐劳动关系提供管理建议。

1.2 研究目的与意义

1.2.1 研究目的

本研究的主要目的是探讨在中国文化背景下，下属－领导依恋关系对员工创造力的影响及其作用机制，从依恋理论的视角揭示领导－员工关系如何影响员工创造力，同时也为依恋理论在组织情境中的应用提供理论以及实证依据。通过理论与实证研究的方法，本研究主要希望实现以下目的：

第一，明确下属－领导依恋关系的概念、内涵和作用机制。尽管依恋理论在社会心理学和发展心理学中有着广泛的应用，但是直到近年来，组织行为学研究中才刚刚引入这一理论。下属－领导依恋关系作为一种特殊的领导－下属关系，也是人力资源管理和组织行为学研究中的新兴话题。以往对这一概念的探讨尚不全面和充分，本书拟通过对依恋理论及其在组织中研究文献的梳理，明确下属－领导依恋关系的概念内涵、影响因素、影响效果以及作用机制。

第二，在中国文化背景下，开发下属－领导依恋关系的测量工具。虽然目前在组织行为研究中，已有一些测量组织情境下员工依恋风格的量表，但是下属－领导依恋作为一种特定的依恋关系，还缺乏专门的测量工具。因此，本书将通过分析和整理国内外关于成人依恋的测量理论和工具，编制下属－领导依恋关系量表。同时，遵循心理测量学的研究方法，对量表的信度和效度进行验证。

第三，探讨下属－领导依恋关系对员工创造力的影响及其作用机制。具体而言，研究关注了两方面的问题。一方面，在组织情境中下属－领导安全依恋关系是否会对员工创造力产生影响，其产生影响的作用机制和边界条件分别是什么。另一方面，基于创造力双通道模型，考察下属－领导不安全依恋能否通过“持续性”通道对创造力产生影响，并分析个体创造性投入在其中的中介作用以及工作创新要求的调节效应。

第四，从依恋理论的视角，结合领导支持行为的角度，检验下属－领导不安全依恋关系和领导安全基地支持之间的交互作用对员工创造力的影响以及个体的内部动机和创造性自我效能在其中的中介效应。即当领导为员工提供“安全基地”功能时，能否有效提升员工的创造力。

1.2.2 研究意义

（1）理论意义

首先，本书从依恋理论的视角，丰富了现有的领导 – 下属关系理论。通过对已有理论的回顾与分析，明确了下属 – 领导依恋关系的内涵以及结构。同时根据心理测量学的研究步骤，编制了在组织情境中测量这种特定依恋关系的量表，有助于开展下属 – 领导依恋关系方面的实证研究。

其次，通过实证研究，验证了下属 – 领导依恋关系对员工创造力的影响。尽管安全依恋关系被认为是个体从事探索和创造性活动的基础，但已有研究大多是基于实验室实验或亲密关系的研究。本研究在组织情境中，考察了下属 – 领导安全依恋对员工创造力的影响，并验证了这种影响的心理作用机制以及边界条件。由此证实了在组织情境中，下属对领导形成的安全依恋对促进员工创造力有重要作用。

然后，基于创造力的双通道模型，本研究发现当下属和领导为不安全依恋关系时对创造力有非线性影响，而提高创新要求能促进他们在创造性活动中的坚持性，从而改善其创造性绩效。这一研究结果深化了对消极领导 – 下属关系如何影响创造力的认知，并且从组织的管理策略方面给出了解决方案。

最后，本研究探讨了在具体的管理实践中如何通过领导行为改善不安全依恋员工的创造力。通过考察领导安全基地支持作为下属 – 领导不安全依恋和员工创造力之间关系的边界条件，更为清晰地揭示了“安全基地”——作为安全依恋关系中最重要的功能对改善不安全依恋员工创造力方面的影响，这也为领导者如何支持下属员工的创造力提供了操作性建议。

（2）实践意义

本研究有助于企业管理者了解如何通过改善与下属员工的关系促进他们的创造性绩效。具体而言，其一，通过本研究，领导者能够了解下属员工在从事创造性活动时的依恋需求。与下属之间建立安全的依恋关系，将有助于提高员工在工作中创造力。

其二，企业管理者可以认识到下属员工对领导者形成不安全依恋关系时，员工对领导者的心理需求，从而规避不安全依恋关系所带来的消极影响。并且，可以通过提高工作创新要求提升员工创造性绩效。

其三，领导在与员工的互动过程中，其支持行为需要关注具体的内容并且有的放矢。当领导支持行为体现了安全基地功能时，能更有效地促进员工创造力。

1.3 核心概念界定

在本书展开论述之前，首先需要将书中涉及的重要研究概念予以界定，主要包括下属－领导依恋关系相关概念、创造力相关概念，以及研究中涉及的几个重要中介机制和调节机制的概念。

1.3.1 下属－领导依恋关系

根据依恋理论，个体在与具体对象交往时会形成一种特定的依恋关系，影响个体与依恋对象相互作用过程时的认知、情感与行为（Bowlby，1969，1982）。下属－领导依恋关系是下属员工在与领导者相互作用过程中形成的一种特定的情感关系，是一种感情上的联结和纽带（Mayseless、Popper，2007；Thomas et al.，2013）。这种情感关系一旦形成，会内化为下属员工与领导交往时的一种内在工作模式，包含 4 种成分：（1）个体对自己在领导眼中是否有价值以及领导是否可以信赖的内部表征；（2）个体对与领导互动时的记忆；（3）个体在与领导互动时的目标；（4）个体实现互动目标和处理困扰的调控策略（Mikulincer、Shaver，2007b）。

根据下属与领导之间交往的经历，他们有可能形成 3 种不同的依恋关系模式：下属－领导安全依恋、下属－领导焦虑依恋和下属－领导回避依恋（Hazan、Shaver，1990）。在下属－领导安全依恋关系模式下，下属在与领导交往时有“积极自我”“积极他人”的内部表征，他们对领导有足够的信赖，能积极与领导进行沟通和交流，在遇到困难和有挑战的情境时，能主动向领导寻求帮助。

在下属－领导回避依恋关系模式下，下属与领导交往时有一种“消极他人”的内部表征，他们对领导缺乏信任，感觉领导不值得信赖。他们不愿意主动与领导靠近，在关系中更渴望“自立”。在遇到困难时，高回避依恋的员工容易产生“去激活（deactivation）”的模式。他们会压抑自己的依恋需求，而不会去寻求领导支持。

在下属－领导焦虑依恋关系模式下，下属在与领导的交往中有一种“消极自我”的内部表征，他们会很在意是否被领导接受，在关系中感觉到自己的无价值感。高焦虑依恋的下属在遇到困难和挑战时，容易产生“过度激活（hyperactivation）”的模式，通过不断努力靠近领导，从而赢得领导的关注与回应。

1.3.2 创造力

在组织行为学的研究中，创造力通常被定义为新颖的、有用的产出，包括产品、服务、商业模式、工作方法以及管理流程（Amabile，1988；Zhou、Hoever，2014）。在一些文献中也用创造性绩效（creative performance）或创造性行为（creative behavior）指代创造力，主要是指新奇而有用的创意的产生（Amabile，1988；Oldham、Cummings，1996）。Woodman 等（1993）提出，在组织中的创造力可能产生于个体层面、团队层面和组织层面。个体层面的创造力是员工个人产生的创造性结果，同时也是团队创造力和组织创造力的基础。本研究中的创造力限定为员工个体层面的创造力。

1.3.3 和谐激情

激情（passion）是指个体对所喜爱的、重要的、花费时间与精力的任务的一种强烈倾向或偏爱，属于一种情感性的动机（Vallerand，2003）。Vallerand（2003）以自我决定理论为基础，提出了激情的二元模型。这个模型认为，由于社会环境和个人因素，激情可以分为和谐激情（harmonious passion）与强迫激情（obsessive passion）两种类型。在组织工作情境下，和谐激情是个体对从事工作的外部动机转向自我认同的自主性内化过程，意味着他们是由于工作本身的特征（如工作非常有挑战性等）而自愿地选择参与这项任务。强迫激情则是个体不能自我控制，不得不参与工作任务的倾向，意味着个体是因为某种外部压力，使从事工作的外部动机转向身份认同的控制性内化（张剑等，2014）。

1.3.4 环境不确定

环境不确定是组织、团队或员工面临的一种重要的外部情境特征，这种外部情境特征是持续变化并且充满未知的，这种状态给组织、团队和员工带来不确定感（Colquitt et al.，2012）。

1.3.5 创造性投入

创造性投入是指员工在创新相关方法和过程中的融入程度。包括三个方面：问题识别、信息收集和编码以及创意形成（Zhang、Bartol，2010）。

1.3.6 工作创新要求

工作创新要求是组织将创新视作工作需求的一部分，是员工工作岗位的外部需求和期望，促使员工将创新行为作为自己的工作内容（Yuan、Woodman，2010）。

1.3.7 领导安全基地支持

领导安全基地支持是 Wu 和 Parker（2017）基于依恋理论中安全基地的功能提出的一种领导支持行为。安全基地是安全依恋对象的一种重要功能，被认为是个体进行探索性活动的基础。安全基地支持行为具有“可得性”“不干预”和“鼓励成长”三个特征。

1.3.8 创造性自我效能

创造性自我效能是 Tierney 和 Farmer（2002）基于 Bandura（1982）的自我效能感概念提出的。根据社会认知理论（Bandura，1982），自我效能感是个体对自身能力的整体知觉和信念，对自己能否在特定情境中有效做出某种行为表现的信心。Tierney 和 Farmer 认为，创造性自我效能是个体对自己在创造性活动中能否取得创造性成果的能力的信心或信念。

1.4 研究思路、结构安排与技术路线

1.4.1 研究思路

第一步，论述了在组织行为研究中探讨下属 – 领导依恋关系对员工创造力影响的理论意义和实践价值。第二步，对依恋理论以及创造力的相关文献进行了回顾，梳理了组织情境中下属 – 领导依恋关系的概念、影响效果以及作用机制，分析了依恋与创造力的关系研究，在此基础上提出了已有研究的不足与局限。第三步，根据已有的依恋理论和相关测量工具，开发了中国情境下下属 – 领导依恋关系量表，作为后续研究的工具。第四步，通过三个实证研究，分别探讨了下属 – 领导安全依恋、回避依恋和焦虑依恋关系如何影响员工创造力，分析了其中的中介机制以及边界条件。并且从依恋理论中安全基地的概念出发，探讨了领导安全基地支持行为是否能改善不安全依恋下属的创造力。最后对全书进行总结，指出了未来的研究方向。

1.4.2 结构安排与技术路线

本书共分为四个主要部分。第一部分为文献综述，主要对下属 – 领导依恋关系以及创造力研究的相关文献进行了回顾和分析。第二部分为下属 – 领导依恋关系量表的编制，为实证研究提供必要的测量工具。第三部分为

实证研究，是本书的核心内容。通过三个实证研究分别考察下属－领导依恋关系对员工创造力的影响、作用机制及边界条件，以及如何基于领导安全基地支持行为来改善员工创造力。最后一部分为总结和展望，对本书各部分的研究进行总结和归纳，并提出了未来研究的发展方向。本书共分为7章，具体内容如下：

第1章为绪论。介绍本书的研究背景、研究目的与意义，研究框架与结构安排、技术路线以及研究的创新点。

第2章为文献综述。内容主要包括四个部分：第一部分对依恋理论进行了简要介绍，并回顾了近年来依恋在组织行为领域的相关研究文献。第二部分，介绍了下属－领导依恋关系的概念演化过程，影响效果研究回顾，以及基于依恋理论的作用机制分析。第三部分回顾了近年来个体创造力的相关研究模型、影响因素以及领导－下属关系与创造力的研究。第四部分介绍了成人依恋与创造力关系的相关研究，分析了依恋关系作为个体创造力的基础。

第3章为在中国文化背景下，下属－领导依恋关系量表的开发研究。在上一章对依恋理论以及下属－领导依恋关系构念梳理的基础上，这一章详细分析了已有测量工具存在的争论以及在组织情境中的适用性问题，根据测量学中量表开发的研究步骤，编制了下属－领导依恋关系量表，并对其信度和效度进行了检验。

第4章考察了下属－领导安全依恋关系对员工创造力的影响及作用机制问题。基于依恋理论中依恋作为个体探索行为的基础，研究首先探讨了在组织情境中下属－领导安全依恋关系是否会对员工创造力产生影响。其次，检验了和谐激情在上述影响过程中的中介作用。最后结合依恋作用机制，分析了环境不确定性作为边界条件对上述影响效果所起的调节作用。在此基础上，总结了本研究的理论意义和实践价值。

第5章探讨了下属－领导不安全依恋关系对员工创造力的影响及其作用机制问题。下属－领导回避依恋和焦虑依恋作为两种不安全依恋关系，在工作情境下是否会对员工创造力产生消极影响，在已有的研究文献中没有产生一致性结论。本研究以依恋理论和创造力的双通道模型为基础，考察了下属－领导不安全依恋关系如何通过“持续性通道”影响员工创造力，并验证了创造性投入在其中的中介机制以及工作创新要求的调节效应。在此基础上，梳理了本研究的理论贡献和实践价值。

第 6 章探讨了如何提升不安全依恋员工的创造力。基于依恋理论中安全基地的概念，从领导支持行为的角度比较了在不同水平的领导安全基地支持条件下，下属－领导不安全依恋对员工创造力影响的差异，同时验证了个体的内部动机和创造性自我效能在其中的中介效应。在此基础上，提出了本研究的理论贡献、实践价值以及未来可继续深入探讨的研究问题。

第 7 章对本书的研究结论进行了总结和归纳，同时分析了本研究的局限性，以及未来可以开展的几个重要研究方向。

本书的研究框架与技术路线如图 1–1 所示。

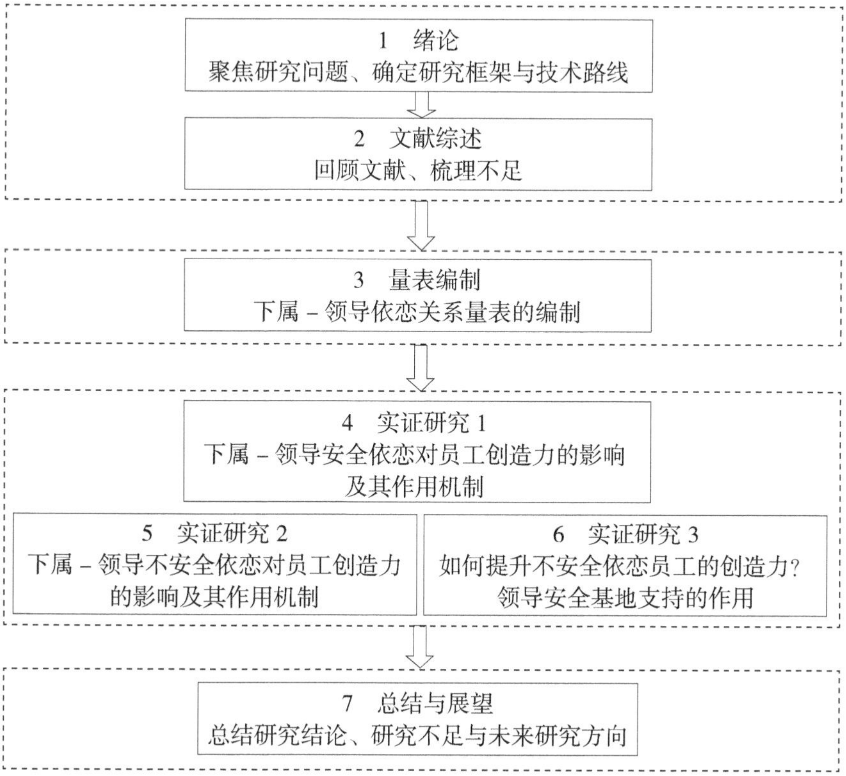

图 1–1 本书结构与技术路线

1.5 研究创新点

本书的创新点主要体现在以下几个方面：

第一，基于依恋理论的视角，首次在组织情境中探讨了下属－领导依恋关系对员工创造力的影响。以往基于社会交换理论的领导－下属关系研究，在解析对员工创造力的影响方面还存在不足。而下属－领导依恋关系则明确了不同员工在与领导交往时的关系需求和认知模式，从而有助于理解他们行为背后的动机因素。尽管基于实验室的研究以及其他依恋关系的研究都发现了个体的依恋与其从事探索性活动的关系，本书通过实证研究验证了在组织情境中下属－领导安全依恋对员工创造力的正向促进作用。

第二，本书基于创造力的双通道模型，考察了下属－领导不安全依恋能否通过“持续性通道”影响创造力。研究结果证实，下属－领导焦虑依恋通过创造性投入对创造力有“倒U型”影响，而下属－领导回避依恋会抑制员工的创造性投入，进而影响创造力。同时，工作创新要求会调节上述影响效果。这一研究发现回应了已有研究中不安全依恋对创造力影响不一致的结论。

第三，基于依恋理论中安全基地的理念，探讨了领导安全基地支持作为下属－领导不安全依恋对员工创造力影响的边界条件，同时验证了创造性自我效能和内部动机在上述关系中的中介作用，由此明确了改善不安全依恋员工在工作中的创造力的方法。这一研究明确了针对员工在关系中的需求提升其创造力的方法，使领导者在改善与员工的关系、促进员工创造性绩效方面更具有可操作性。

第四，为了完成本书中涉及的实证研究，本书以中国组织中的员工为样本，编制了下属－领导依恋关系量表，这将有助于推动未来这方面的研究发展。

2 文献综述

2.1 依恋理论及其在组织中的研究

2.2.1 依恋理论回顾

依恋理论来自 Bowlby（1973）对婴儿与其照顾者之间关系的研究，他发现个体在儿童早期，对照顾者会形成一种特殊的依恋关系，这种由儿童和照顾者之间形成的内化关系会在其成年后与他人的互动中表现为不同的内在工作模式（Hazan、Shaver，1990），影响他们对自己和他人积极 / 消极的看法，对环境的感知以及与他人间的互动。已有研究发现依恋关系存在于成人的很多不同关系中，如亲密关系、领导下属关系、员工组织关系等（Albert et al.，2015；Game，2011；Simpson、Rholes、Phillips，1996）。Ainsworth（1978）等通过观察婴儿和母亲之间的互动模式，扩展了 Bowlby 的理论，区分了 3 种不同的依恋风格：安全依恋、不安全 – 回避依恋以及不安全 – 焦虑依恋。安全依恋的个体容易形成具有弹性的、互惠的人际关系模式。他们会认为自己是有价值的（低焦虑），其他人是可以信赖的（低回避），从而表现出更多的安全感。他们能够和他人形成良好的关系，同时还能保持自主的行动。另外，安全依恋的个体对自己的能力有积极的信念，更多采用促进定向的自我调节策略（Blalock et al.，2015；Reizer，2015）。在工作中，他们能主动地寻求社会支持，并且取得更多的成就（Wu、Parker、De Jong，2014）。

焦虑依恋的个体试图通过不断靠近他人来获得爱与安全感。他们倾向于过分强调不幸的方面，对生活中的社会性情绪信息都容易过度敏感（Mikulincer、Shaver，2007）。这种过度敏感会引起在人际交往中的危机感，容易破坏和周围人的关系（Rahimnia、Sharifirad，2014）。在工作中，焦虑依恋的个体会表现出过分亲密，因为他们倾向于寻求更多的支持，这种行为有时候会将其他人吓跑（Harms，2011）。回避依恋的个体会抑制和拒绝依恋的需求，回避痛苦的感受。他们认为，在自己需要的时候他人不会在那里。为了避免受到伤害，高回避依恋的个体会避免亲密关系，压抑痛苦的想法和消极的记忆，形成消极的自我和他人模式（Mikulincer、Shaver，2007）。这种对亲密关系回避的倾向延伸到工作情境中，导致回避依恋的工作者通常不会向其他人主动寻求帮助（Richards、Schat，2011）。

最初，Bowlby 的理论提出依恋风格是早期依恋经历中形成的一种稳定的人格特质。不过在依恋领域之后研究中，越来越多的研究者认为依恋风格并不是一种特质性人格。通过比较一般依恋和特定关系中的依恋后，很多研究者发现，同一个体在不同关系中的依恋风格可能不同，也就是说个体对特定对象的依恋关系具有独特性。Fraley （2007）根据认知联结理论，提出依恋工作模式可能是一个三层的网络结构，在不同的人际关系中，个体会形成有组织的层级模式。最顶层的是一种一般依恋工作模式（global attachment model），中间是特定情境的工作模式（domain specific attachment model，如工作情境），而最底层是一种特定关系的工作模式（specific attachment model，如妻子对丈夫、下属对领导者），它更精确地表征了个体对特定对象产生的依恋关系。总体来看，这三层工作模式之间有一定的独立性，又相互影响。根据 Fraley 提出的依恋的联结模型，个体在某类关系中表现的依恋类型可能会完全不同于另一类关系中的依恋类型。比如，员工对领导者的依恋关系，与他同父母之间的依恋关系可能有很大的差异。因此，在具体的组织研究中，员工与领导者之间、员工与组织之间形成的特定依恋关系对他们在组织情境中的情绪和行为的预测作用可能更大（Hinojosa et al.，2014）。

2.2.2 依恋与领导风格

依恋在组织行为领域的研究最早来自对依恋风格和领导力的探讨。由于不同依恋风格的个体在人际支持和照顾系统中的行为差异，他们作为领导者也会表现出不同的领导风格（Davidovitz et al.，2007；Mikulincer、Shaver，2012）。一些实证研究比较了不同依恋风格的管理者在领导力方面的特点。

安全依恋的领导对自己和他人积极的内在工作模式会使其领导风格中有更多的社会化倾向，能更及时地满足下属对支持和反馈的需求（Hudson，2013）。在安全依恋上得分高的上级，通常与变革型领导、魅力型领导或真诚型领导风格相关（Underwood，2015）。例如，Davidovitz 等（2007）的研究发现，安全依恋得分高的军官其下属对他们变革型领导风格的评价也更高，士兵们认为上级能给他们提供更多个人成长与发展方面的支持。同时，安全依恋的领导相对于焦虑和回避依恋的领导，会表现出更多的真诚型领导风格（Hinojosa et al.，2014），一方面真诚型领导的处事风格以及内化的道德准则可能与个体安全依恋的成长环境有关。另一方面，已有的研究发现安全依恋和真诚领导的几个特征都显著的相关（自我意识、关系透明、过程平衡、内部道德观）。另外，Popper（2002）和 Towler（2005）的研究都发现，个体的安全依恋与魅力型领导风格有正相关。他们认为安全依恋的个体有更高水平的自尊感和自我认同感，在遇到危机事件时会有更从容、自信的应对方式，此外也有更清晰的自我意识，懂得合理授权他人，将自己的愿景和下属的需要结合在一起，尊重下属的权利和感觉。这些都符合魅力型领导的特点。

而不安全依恋的领导由于有着消极的内在工作模式，往往不能很好地处理亲密关系，他们通常与变革型领导、魅力型领导以及真诚型领导风格呈负相关（Rahimnia、Sharifirad，2014）。其中，回避依恋的领导往往不能很好地应对（或者不会关注）那些情感上依赖他们的员工。于是，他们的下属会感到领导对他们没有回应或不容易接近，从而产生消极的绩效结果或情绪状态（Davidovitz et al.，2007）。回避依恋的领导容易被认为是被动逃避型领导（passive-avoidant）或放任型领导（Boatwright et al.，2010；Molero，Moriano & Shaver，2013）。而焦虑依恋的领导，则有一种消极的自我认同，以及闭合的需求，会导致工具性的领导行为或者自我关注的行为，被员工视为控制性的领导者（Game，2011；Mayseless，2010）。

此外，不同依恋风格的领导者，在工作中的决策风格也不同。Johnston（2000）的研究发现在公司的管理过程中，安全依恋的领导者会对下属有更多积极的观点和信任感，并且在决策中采用去中心化的决策方式，更愿意与下属进行协商。而回避依恋的领导对其他人缺乏信任，通常采取一种中心化的决策方式（例如自己决定经营目标），很少将工作任务授权给其他人。由此可见管理者管理自己公司的方式和他们熟悉、习惯的关系模式是一致的，都反映了他们的内在工作模式。

2.2.3 依恋与领导－下属关系

在组织情境中，个体的依恋风格被认为会影响到领导－下属交换关系（LMX）的形成（Hou、Stuhlman、Meng，2016）。当领导－下属之间依恋风格匹配时，会有助于形成一致的内隐领导和相关的行为，从而使领导和下属之间产生更和谐的动态关系。相反，下属－领导依恋风格的不匹配可能会对彼此产生一定的伤害（Keller，2003）。

基于亲密关系的研究发现，伴侣依恋风格的匹配对其关系质量有重要影响。当伴侣之间的依恋风格匹配时会产生积极的结果。而某些配对的依恋风格则会减少或者增加一些潜在的消极行为倾向（Simpson、Howland，2012；Simpson、Overall，2014）。从伴侣的研究结果来推测，安全依恋风格的下属与安全依恋风格的领导者可能是最理想的配对模式。而焦虑依恋风格的下属 / 领导者与回避依恋风格的领导者 / 下属匹配，估计是功能性最差的，因为他们的防御机制在两个极端。回避的一方会拒人千里，焦虑的一方则更容易产生过度依赖。他们彼此之间会形成一种功能失调的关系循环。当高焦虑依恋的下属和一个高回避依恋的领导者匹配时，领导者无法及时提供下属所需要的支持，他们就无法满足自己的安全需要。而一个低回避依恋的下属遇到一个高焦虑依恋的领导者，后者更倾向于情感性的表达，希望和下属有更亲近的关系，过分干预下属的工作，反而会引起下属的厌恶和拒绝，从而回避领导者。

Harms（2016）的实证研究发现，高焦虑依恋的下属和高回避依恋的领导者匹配时会减少下属对领导者的认知信任。而高回避依恋的下属遇到高焦虑依恋的领导者，则会减少下属对领导者的情感信任。Richards 和 Hackett（2012）采用行动者 – 对象互依模型对领导 – 下属之间的 LMX 质量进行研究，结果发现领导和下属的不安全依恋风格（回避和焦虑）与 LMX 的质量呈负相关。只有当领导和员工的焦虑依恋得分都最低时，LMX 质量最好。员工自身的焦虑依恋风格对领导成员交换的负面影响能够被员工有效的情绪调节策略所缓冲（如，情绪认知重评）。Hinojosa 等（2014）从真诚型的领导 – 下属关系的角度，分析了依恋风格的所有匹配模式。当领导者和下属都是安全依恋时，他们彼此都会表现出真诚，由此他们之间也能形成真诚的关系。同为焦虑依恋的领导者和下属匹配时容易形成一种表面化的真诚关系。因为他们都强调了自我的表达，而忽略去倾听和理解对方，也无法给对方及时的回应。而同为回避依恋的领导者和下属匹配时，就完全没有真诚性可言，他们之间的交流往往充满不信任。

2.2.4 依恋与员工情绪

根据依恋理论（Bowlby，1982），依恋行为系统在遇到外界的威胁和压力情境时会自动激活，当它能有效工作时会起到情绪稳定的作用。由于工作环境中充满着各种人际因素，例如工作期望、人际压力、角色压力、政治和工作冲突（Grohsjean、Kober、Zucchini，2015），有效的情绪调节策略，能够帮助员工稳定情绪，并投入到工作活动中。近年来，一些实证研究发现，领导和员工的依恋风格都会影响他们在工作中的情绪（如消极情绪、工作倦怠、心理疏离感）和工作满意度（Mikulincer、Shaver、Solomon、2015）。

首先，研究发现不安全依恋风格的员工容易在工作中出现更多的消极情绪。在对不同职业、不同文化背景的人进行调查时，Pine （2004）发现员工的安全依恋风格与其工作倦怠感呈负相关，而不安全依恋风格（包括焦虑依恋风格和回避依恋风格）的员工更容易出现工作倦怠的表现。West （2015）对医护人员的相关研究进行回顾时，也发现安全依恋风格的医护人员较少出现工作倦怠，而焦虑依恋风格的员工更容易对病人失去耐心。研究者们认为，安全依恋员工相对于不安全依恋的员工，他们会对环境中困难情境有更积极的解读，同时也能运用更有效的应对措施。Ronen 和 Mikulincer（2009）的研究进一步拓展了 Pine 的研究结论，他们发现焦虑依恋的员工对团队凝聚力的评价更低，而回避依恋的员工对组织公正的评价更低。同时焦虑依恋和回避依恋风格的员工都更容易出现工作倦怠。Ronen 等（2009）认为，焦虑依恋风格的员工更在意团队的互助和支持，因此对团队互助支持不够更为敏感，这也会使他们产生工作倦怠。而回避依恋风格的员工由于对其消极的内在工作模式，对其他人缺乏信任，对组织公平性信心较少，产生工作倦怠感。

一些研究者进一步提出员工依恋风格对情绪的影响与他们所处的具体工作情境有关。在一些工作更自主、压力更小的环境中，回避和焦虑的依恋风格更容易引发消极情绪。例如，Littman-Ovadia 等人（2013）的研究发现，回避依恋风格和焦虑依恋风格的员工更容易感到情绪压力，并出现工作枯竭状态。但在不同的工作情境下依恋风格的影响有差异。在高工作自主性的条件下，回避依恋风格对工作态度和工作情绪的影响显著；而在低工作自主性的条件下，回避依恋风格的影响不显著。因此，研究者认为高自主性的工作条件对回避依恋风格的员工更为不利。与之类似，Potok 和

Littman-Ovadia（2014）的研究发现不同依恋风格的员工在工作压力的情境下，其工作疏离感也有差异。个体的回避依恋风格会负向调节工作压力和心理疏离之间的关系。回避依恋风格反映了人们对人际关系之间的一种不自信的表现，他们对情感距离的需求更多（Mikulincer、Shaver，2007）。因此，对低回避依恋的个体，随着工作量增加，心理疏离感反而减少。而高回避依恋的个体不会受到工作量的影响。虽然没有证据表明，回避依恋风格的人容易有心理疏离感，但有研究表明，高回避依恋的个体离职率更低，或许他们可以用工作来满足自己的依恋需求（Dahling、Librizzi，2015；Hazan、Shaver，1990）。

此外，在一些组织情境中进行的领导－下属配对研究发现，领导者的依恋风格会影响到下属的情绪和精神健康，同时领导者和下属之间的依恋风格还会产生交互作用。在一项对以色列士兵和军官的研究中，Davidovitz等（2007）考察了军官的依恋风格、士兵对领导所提供的安全基地的感知，以及士兵在2～4个月后精神健康的关系。结果发现，回避依恋风格的军官，他们的下属的社会情绪功能和精神健康状况得分都更低，而士兵感知到的领导所能提供的安全基地的程度在其中起中介作用。研究者认为，回避依恋的领导无法提供情感方面的支持，由此对下属的心理健康有消极作用。Kafestsios等（2014）探讨了领导和下属的依恋风格、情绪调节能力、情绪体验和工作满意度的关系。结果发现，领导和下属的不安全依恋情绪不仅影响自身的情绪体验，而且领导的焦虑依恋风格还对下属的积极情绪体验和工作满意度有消极影响。研究者认为，根据情绪社会信息模型（EASI模型），焦虑依恋风格的领导具有高压力相关的特质，容易引发下属过度的负面情绪反应。而回避依恋风格的领导反而容易促进员工的积极情绪体验，可能与此研究中员工（教师和社会工作者）工作的自主性需求有关。另外，下属的情绪调节能力会影响领导的焦虑依恋风格对下属情绪的消极作用。当下属能运用积极的情绪调节策略（情绪认知重评）时，可以将领导的焦虑转换成积极的动力，从而减少领导高压力带来的负面影响。而如果员工采用消极的情绪调节策略（压抑），则会放大领导焦虑依恋风格对自身情绪的影响。

2.2.5 依恋与员工工作行为

由于依恋风格与人际交往模式有关，因此员工的依恋风格常常会影响其在工作中与他人的互动行为，如组织公民行为（OCB）、向他人寻求支持或反馈、建言行为等。

Little 等（2011）最早发现安全依恋风格的员工有更多的 OCB 和更少的偏离行为，而不安全依恋风格的员工表现则相反，他们的 OCB 较少，而偏离行为更多。Richards 和 Schat（2011）进一步探讨了依恋风格与员工对组织的 OCB（OCB-O）和对个人的 OCB（OCB-I）之间的关系。结果发现，员工的焦虑依恋风格和 OCB-O 以及 OCB-I 都呈负相关。而回避依恋风格和 OCB-O 以及 OCB-I 相关不显著。Geller 和 Bamberger（2009）在探讨员工的依恋风格和工具性助人行为之间的关系时，调查了 320 名来自以色列一家大型通信公司的员工，结果发现，焦虑依恋风格与员工的工具性助人行为呈负相关，并且个体的回避依恋风格会负向调节焦虑依恋风格和工具性助人行为之间的关系。由此可见，个体不安全依恋风格会导致他们在与他人的互动时，有较少的助人行为。

而个体的依恋风格对其助人行为的影响和寻求支持行为影响恰好相反。在 Richards 和 Schat（2011）的研究中发现，在控制了大五人格、特质情感和组织承诺后，员工的焦虑依恋风格与其工具性以及情感性支持寻求行为都呈正相关。与之相反，回避依恋风格与员工的工具性以及情感性支持寻求行为呈负相关。在另一项对从事管理咨询团队员工的调查中，Wu 等（2014）也发现，在控制了主动性人格这一变量后，员工的焦虑依恋风格对其反馈寻求的行为仍有显著影响。同时，她还发现焦虑依恋风格同时还调节了反馈寻求行为和最终绩效之间的关系。对于高焦虑个体，在积极寻求反馈时，他们的绩效会更好。在这个研究中，没有发现回避依恋风格和反馈寻求行为之间的显著关系。

这些研究结果与依恋理论对焦虑和回避风格的描述基本一致。高回避依恋个体较为独立，不与他人发生情感联接，并且压抑自己的负面情绪，不主动寻求支持去解决工作中的困难。同时，由于他们在互动过程中，也不善于发现其他人需要帮助的线索，也缺乏交流的主动性，因此他们也不会积极为他人提供帮助（Mikulincer、Shaver，2007b；Richards、Schat，2011）。而高焦虑依恋个体会更容易和同事之间进行互动。值得注意的是，焦虑依恋风格在工作中和在亲密关系中对支持寻求行为的表现并不一致（Mikulincer、Florian，1995；Wu、Parker、De Jong，2014）。在亲密关系中，Mikulincer 和 Florian（1995）观察到焦虑依恋风格的个体通常不会主动寻求支持，这可能是因为他们害怕对方拒绝自己。但是在工作情境中，也许是个体认为被领导或同事拒绝的风险较小（Richards、Schat，2011；Wu、Parker、De Jong，2014），焦虑依恋风格的员工会积极主动地寻求支持。另外，也可能是由于焦虑依恋风格的员工更希望在工作场合得到业绩认可，因此积极主动寻求同事或领导的支持可以获取更好的工作绩效。这种在工作中对于“认可”的过度关注（preoccupied），会使焦虑依恋风格的员工专注于达到工作要求。这种专注会占用他们大部分的时间和精力，从而导致他们没有能力和意愿去关注其他人的需求，并为其他人提供帮助（Richards、Schat，2011）。

另外，朱迪和傅强（2016）在中国的组织情境下的研究发现，员工在工作场所的安全依恋使他们容易与周围同事形成互惠的人际关系，由此促进他们在组织中的社会认同，进而对他们的建言行为有积极影响，而员工的回避依恋与焦虑依恋对他们的建言行为有负向预测作用。

2.2.6 依恋在组织研究中的测量

尽管依恋作为一种人格特质具有一定的稳定性，但个体依恋的内在工作模式在不同的场景、不同的人际关系中仍然会有差异（Fraley et al.，2011）。已有的实证研究根据依恋理论的构念开发了一些在工作场景中的测量工具，这些工具通常都是借鉴或修订已有的成人依恋量表。一类测量基于 Ainsworth 等（1978）以及 Hazan 和 Shaver（1990）关于依恋风格的三维测量方式（安全、焦虑和回避）。另一类测量基于 Brennan 等（1998）提出的两维测量方式（焦虑和回避），当个体在两个维度都得分较低时相当于安全依恋。

目前在组织情境中应用比较多的三维测量工具有自我依赖问卷（Self reliance inventory）（Joplin、Nelson、Quick，1999）和工作场景依恋量表（Workpalce Attachment Scale）（Scrima，2015）。自我依赖问卷一共有 16 题，包含回避（counter dependence）、过度依赖（overdependence）以及互依性（interdependence）三个维度（分别对应于 Hazan 理论构念中的“回避”“焦虑”和“安全”）。Frazier 等（2015）根据工作情境对自我依赖问卷进行了修订，增加为 18 题，修订后的量表更符合工作情境的描述。Scrima（2015）基于 Collins 成人依恋量表（AAS）（Collins、Read，1990）编制了工作场景依恋量表，共包含 18 个题项，每个维度各 6 题。

采用两维测量方式的研究者大多都借鉴了 Brennan（1998）开发的 ECR 问卷（Experiences in Close Relation- ships measure）。由于 ECR 问卷的整体信度较高，结构效度较好，因此在很多研究中被改编来测量领导或员工的依恋类型（Dahling、Librizzi，2015；Geller、Bamberger，2009；Littman-Ovadia，Oren、Lavy，2013；Rahimnia、Sharifirad，2014；Richards、Hackett，2012；Richards、Schat，2011；Towler、Stuhlmacher，2013）。该问卷共有 36 题，每个维度 18 题，反映了个体在与其他人相处时的行为模式。在实际使用中，研究者通常将题项表述中的“伴侣”改为“其他人”“同事”或“领导”。如李同归和刘飏（2012）根据中国组织情境，将 ECR 问卷改编为团体依恋问卷。虽然 ECR 问卷的整体稳定性非常好，但是由于题项数量太多，不利于在组织情境中开展多变量的调查研究（Richards、Schat，2011）。一些研究者将这个量表根据研究需要进行了简化。例如 Ronen 和 Mikulincer（2009）开发了 15 题的简版，Ballinger 和 Rockmann（2006）将其修改为 22 题的简版，从而缩短整体调查问卷的长度，提高调查数据的准确性。在测量领导－下属特定依恋关系方面，Game（2008）根据 ECR 问卷以及咨访关系依恋量表（Mikulincer、Orbach，1995）开发了领导－下属特定依恋关系量表，该量表共 11 题，包含了领导－下属之间焦虑依恋关系和回避依恋关系两个维度。

另外还有一些测量工具只关注安全依恋一个维度。如 Rioux （2006）开发的 AAW 量表（Adult Attachment in the Workplace Scale），测量领导/员工在工作情境中的安全依恋。Wu 和 Parker（2017）将亲密关系中安全基地的概念迁移到领导对员工支持行为，编制了领导安全支持问卷（secure-base leader support），包含 “可得性” “不干预” 和 “鼓励” 三个维度。

由于组织情境中关于依恋类型的实证研究还不多，大多数研究也是根据自身需要进行问卷编制，因此对组织情境中的依恋测量还缺乏统一、标准化的工具，这也限制了依恋理论在组织情境中的深入研究（Richards、Schat，2011）。另外，组织中下属－领导之间、员工－组织之间形成的依恋关系，与伴侣之间的亲密关系还是有一些差别。因此，很多研究者呼吁应当像亲密关系那样，针对组织情境开发专门的依恋量表，从而有助于从依恋理论的视角更好地研究组织中领导和员工之间的关系、情感和行为表现（Harms，2011；Richards、Schat，2011）。

2.2 下属－领导依恋关系

2.2.1 下属－领导依恋关系概念发展

Bowlby（1969）早期的研究认为，个体在婴幼儿时期与照顾者之间形成的依恋关系会逐渐发展为一种稳定的内在工作模式，并且对个体在与他人和环境中的互动中形成持续的影响。在这一观点中，依恋被认为是个体的一种稳定的特质。然而，之后越来越多的研究者认为，随着年龄的增长，个体拥有的依恋对象不再只是其照顾者，而是在和不同的个体的交往中发展出不同的依恋关系（Cozzarelli、Hoekstra、Bylsma，2000；La Guardia et al.，2000）。对于成年人来说，依恋关系不再仅仅指向其父母等早期照顾者，而是变得越来越复杂多样。从这个角度来看，依恋可能是一种短期的过程，个体对某个特定对象的依恋可能是基于他们之间在特定时间的交往形成的一种工作模式（Kobak，1994）。

近来的研究者提出，成人在社会交往中既受到早期与父母关系中形成的一般依恋关系模式（global attachment style）的影响，也受到与指定对象形成的特定依恋关系模式的影响（Fraley et al.，2011；Pierce、Lydon，2001）。一般依恋关系模式反映了个体过去经历中的整体工作模式。这种关系模式可能会在发展新的关系或在陌生情境中自动激活（Ballinger、Rockmann，2006）。而特定依恋关系模式反映了个体和特定的对象之间交往形成的一种工作模式，这种工作模式一旦形成，对个体与依恋对象之间的关系的影响更大。这种特定依恋关系模式在伴侣之间、来访者与咨询者之间都得到了证实（Sibley、Overall，2010）。实证研究还发现，个体在不同依恋对象之间形成的特定依恋关系相关并不高（Fraley et al.，2011），而且随着年龄增长，特定依恋与一般依恋的关系还呈现出逐渐下降的趋势（王大华等，2015）。

基于这种特定依恋关系的假设，Popper 和 Mayseless（2003）提出，下属与领导者之间也可以形成一种特定的依恋关系。为了实现组织的绩效目标，领导者在日常工作中和下属员工之间会有很多正式和非正式的交流。对于下属而言，与领导者之间的交往无疑是非常重要的。在工作环境中，由于权力和地位的不对等，领导者的角色拥有更多的权力和资源，对于下属而言他们是更强大和智慧的照顾者形象，因此下属和领导者之间容易形成一种特定的依恋关系模式（Ballinger、Rockmann，2006；Game，2008）。

正如儿童在遇到焦虑恐惧的时候需要求助于其照顾者一样，员工在工作中感到不确定和焦虑的时候，也需要一个特定的依恋对象让他们得到照顾（例如安全感、情感支持、工作价值感等）。当员工在经历压力或者有威胁的活动的时候，就会激活其依恋系统，他们本能地向更强大、智慧的依恋对象——领导者寻求帮助或保护。对于下属来说，领导者可以提供两种依恋功能。一方面，领导者可以为下属提供安全港（safe haven），使下属得到支持和舒适感，尤其是在压力与不确定的工作时期；另一方面，领导者可以提供安全基地（secure base），提升下属在工作中的安全感，从而有助于下属进行探索性和自我发展的活动（Davidovitz et al.，2007；Popper、Mayseless，2003）。

根据依恋理论，下属和领导者之间形成的特定依恋关系会逐渐内化为他们和领导者交往时的内在工作模式（Collins、Read，1994），影响他们与领导交往时的认知方式、情绪策略与行为表现（Ballinger、Rockmann，2006；Game，2008）。当下属与领导者在互动过程中，经常能得到及时的回应与照顾时，他们容易与领导之间形成一种安全的依恋关系，他们感到领导是值得信赖的，能在需要的时候给予安全和支持。他们也更愿意和领导靠近，主动沟通，寻求支持与反馈（Lavy，2014）。

当下属与领导者之间为焦虑依恋关系时，他们往往对自身有一种“消极自我”的内部表征，他们很在意自己是否被领导者接受，在关系中对自我价值的评价较低。当领导者没有能及时回应他们的需求时，他们倾向于持续运用过度激活的策略（Game，2011）。他们认为只有通过持续努力，不断增加和领导之间的沟通渠道，不断接近领导，减少与领导之间的距离，从而获得领导的关注和反馈。

而当下属与领导者之间为回避依恋关系时，他们往往对领导者有一种“消极他人”的内部表征，这使他们倾向于认为领导者是不值得信赖的，认为即使和领导者联系和靠近，也只会被拒绝而得不到任何帮助。在工作情境中，回避依恋关系的员工在面对困难、挑战和威胁时，他们会抑制“消极情绪”，并采取“自立”的策略来独立处理情境中的困难（Game，2011）。

需要注意的是，在领导者和下属关系中运用依恋理论还存在一个限制。虽然领导者可以在工作情境下提供安全港和安全基地，但是这和父母、伴侣之间的依恋关系可能还是有所差别（Thomas et al.，2013）。毕竟在工作情境中领导－下属之间的关系没有如父母、伴侣那样强烈而持久的情感联接。但是正如 Mayseless （2010）所说，领导－下属之间的关系包含与真正的依恋联结之间相似的元素，我们可以从依恋动态关系的角度来理解领导－下属之间的互动过程，以及他们依恋内在工作模式被激活的后果。

2.2.2 下属－领导依恋关系影响因素

根据特定依恋关系的概念，下属和领导者之间所形成的特定依恋关系与他们之间交往的经历有关。而这个交往经历会受到领导者和下属自身因素的影响。同时，文化对依恋关系的形成有很大塑造性，因此领导者和下属的文化价值观可能也会影响他们的依恋关系。最后，领导者和下属所在企业的具体情境也可能会影响他们的依恋关系。

（1）领导者因素

依恋理论认为，在个体与依恋对象交往的过程中，依恋对象的及时照顾和回应有助于形成安全依恋的关系（Collins、Read，1994）。在领导者与下属交往的过程中，领导者自身的依恋风格和照顾行为系统，可以解释领导提供的安全效果（Feeney & Collins，2001；Mikulincer et al.，2005）。

有研究表明，安全依恋风格的个体无论是作为父母、亲密伴侣或是社区的志愿者，都能更好地关注其他人的需要（Collins、Feeney，2000；Mikulincer et al.，2005）。他们对自己和他人积极的内在工作模式，可以促进他们对其他人的需求做出及时的敏感的、回应以及有效的照顾。相反，不安全依恋的个体，不论是焦虑依恋风格还是回避依恋风格，都无法对其他人的需求做出及时的敏感的回应和照顾。因此，作为领导者角色时，安全依恋风格的领导者相对于不安全依恋的领导者通常会表现得更有自信，也更有技巧能成为一个强大的、智慧的照顾者，更好地提升下属的效能感，这些有助于下属在工作中的适应与个人成长（Davidovitz et al.，2007）。

另外，焦虑依恋风格的个体通常会过分关注环境中的威胁和没有满足的依恋需求。作为领导者角色时，他们可能会在员工没有表现出需要帮助的时候，扩大他们的需求，强迫员工接受帮助，由此会出现过分干预的行为（Feeney、Collins，2003；Keller，2003）。此外，焦虑依恋的人经常展示出自己脆弱的一面（Bartholomew、Horowitz，1991），容易被下属认为是没有能力的领导者。

回避依恋风格的领导和下属没有亲近和互赖，他们对其他人有消极的工作模式，会影响他们理解下属的需求。此外，由于他们总是抑制自己的情绪体验和表达（Fraley、Waller，1998），回避依恋的领导者关注于手头的工作任务，而不是下属的情感需求。于是，回避依恋的领导者会让员工完成工具性的任务，不提供情绪支持、授权，对于员工的成长和发展也会比较忽视（Davidovitz et al.，2007）。

（2）下属因素

员工与领导者之间形成的特定依恋关系与其早期形成的依恋风格也有关联。其一，当个体进入到一个新的关系中时，其原有的依恋风格会自动激活。例如，回避依恋的个体在与陌生人交往时会倾向于难以信赖他人，避免接触。因此，当回避依恋的员工进入到一个新的工作岗位时，也容易与领导产生回避依恋关系（Ballinger、Rockmann，2006）。

其二，不同依恋风格的员工在对领导产生信赖方面也有显著差异。有研究发现，安全依恋的员工更容易对他们的领导产生情感信任（Camgöz & Karapinar，2016）。回避依恋风格的员工对领导的认知信任更低，而员工的焦虑依恋会降低他们对领导情感信任（Harms，2016）。因此，不同依恋风格的个体在信赖和接近领导方面的差异，可能会影响他们与领导之间的互动关系，并最终会影响他们与领导之间形成不同的依恋关系模式。

其三，Thomas 等（2013）认为下属和领导之间形成的依恋关系与其自身的年龄以及工作经历有关。对于初入职场的员工而言，他们对领导有更多的情感和资源方面的需求，更有可能形成焦虑依恋关系。而当员工有了丰富的工作经验之后，他们在与领导交往时表现得更为自信。并且随着与领导之间共事时间的延长，彼此之间的了解的增多，其和领导之间也会形成安全依恋关系（Feeney、Noller，1992）。

（3）文化因素

文化对于下属－领导之间形成的依恋关系有较大的影响。在高权力距离、不确定规避以及集体主义价值观的文化中，人们可能会更容易对领导产生依恋（Mayseless、Popper，2007）。Markus 和 Kitayama（1991）认为西方人强调自我与他人的独立性，而东方人强调自我与他人的联系。在西方个人主义文化下自我概念是以独立自我建构为基础的，而在东方集体主义文化下自我概念则以相互依存为基础。因此，在集体主义文化的国家中，人们更为重视“关系”的存在（Zhang、Lam、Deng，2016），也更强调关系的亲密与和谐性（Friedman，2010）。另外，Smith（2014）的跨文化研究中，在 8 个不同文化的国家中，尽管下属对领导普遍都存在情感依恋，但下属和领导之间“关系”的内容和目标却不一致。

在不同文化下，个体的依恋风格的分布也会有差异。相对于西方国家的成人，东亚国家的成人表现出更多的焦虑依恋风格（Schmitt et al.，2004），这可能是因为东亚国家中集体主义价值观更高，人们更倾向于与他人保持更紧密的联系。因此，在不同文化价值观的环境下，下属和领导之间形成的依恋关系可能存在差异。此外，中国作为高权力距离、高不确定性规避文化的国家，领导对下属的管理方式常常是家长式的，领导－下属关系中有可能比西方国家有更多的焦虑依恋。另外，在不同文化的组织环境中，下属－领导依恋关系所产生的影响也可能与文化价值观的匹配性有关。例如，Game 和 Crawshaw（2015）发现，在集体主义文化下，员工的焦虑依恋风格（强调关系的亲密）对互动公正的消极影响会被削弱。

（4）工作情境因素

下属对领导者形成的依恋关系还会受到具体的工作情境因素的影响。第一，由于个体的依恋系统容易在不确定、有威胁和有风险的时候被激活，因此当员工所处的工作环境相对复杂、工作压力较大、工作内容具有挑战时，他们对依恋对象的需求可能会被放大（Mayseless、Popper，2007）。

他们会更倾向于向领导者靠近并寻求支持。

第二，由于领导者的时间和其他资源有限，当员工所在团队规模越大时，其越不容易给予所有员工及时的回应和照顾。由于不同的员工在团队内的工作性质差异，他们与领导之间接触的机会和获取资源的可能性会随着团队规模的扩大而减少（Liden et al.，2006）。由此，当领导能力有限，无法给予下属足够的关注时，那些处于团队边缘地位的下属和领导者之间更有可能形成不安全依恋关系（Kauppila，2016）。

第三，从现实因素来看，企业性质也可能会影响员工对领导者的预期，从而影响他们对领导者支持与回应的判断。在一些工作关系相对稳定的组织（如事业单位、政府部门）内，员工对上级和组织有更多情感方面的需求（朱苏丽等，2015），他们可能更期望领导者给予更多的回应和照顾。但在市场快速竞争的行业组织内，由于工作变动较快，员工和上级的关系更为不稳定，他们对领导的期待也会相应减少。因此，企业性质也会影响下属与领导者之间的依恋关系。

2.2.3 下属－领导依恋关系影响效果

目前关注下属－领导依恋关系的实证研究还非常有限，但是从已有的研究来看，当下属员工与领导形成安全依恋关系时，更容易形成对领导和组织的信赖感，在工作中表现出更多积极主动的行为。反之，当下属员工与领导为不安全依恋关系时，更容易出现消极的情绪反应，也会降低他们对组织的认同以及情感承诺。

Game（2008）最早基于下属－领导特定依恋关系开展实证研究。她从情绪事件的角度，发现下属－领导的不安全依恋关系会导致下属出现更多的消极情绪（愤怒和痛苦）。同时，她还发现下属－领导焦虑依恋与下属的一般焦虑依恋风格有交互作用。当两种焦虑依恋都很高时，下属在与领导的交往过程中更容易产生愤怒情绪。在另一个质性研究中，Game等（2016）进一步发现，下属对领导不同的依恋方式会影响他们感知到的领导照顾行为，也影响他们对与领导之间发生的消极事件的解读。安全依恋关系的下属感到领导能及时为他们提供心理安全感以及情绪支持。回避依恋关系的下属则感到领导能给予的支持很少，认为领导不能在需要时被信赖。而焦虑依恋关系的下属表现得较为矛盾，他们认为领导有时候很温暖有回应，有时候又不能给予帮助，并且领导有更多的干预和指导性行为。在对消极事件归因方面，安全依恋关系的下属关于消极事件的记忆更少，而且通常他们能通过有建设性的沟通来表达情绪，并且会针对问题本身，不会带有敌意。回避依恋关系的下属则有更多消极事件的记忆，并且他们将这类事情归因为领导故意如此，或领导能力不足导致（消极他人模式）。焦虑依恋关系的下属对人际关系中的消极事件更为敏感，尤其是关系到自我价值的事件，但是在归因方面，他们倾向于认为是自己的原因。这些研究结果与亲密关系中发现的特定依恋关系对情绪的归因和影响是一致的（Collins，1996）。

从工作行为的角度，已有研究证实当下属与领导之间形成安全依恋关系时，能提升他们对组织的信任，促进他们参与职业发展活动，增加他们的主动性行为，并降低离职意愿。而下属对领导者的回避依恋则会降低下属对领导的信任，抑制他们的职业发展机会，减少他们在组织内部主动进行职业发展活动（Crawshaw、Game，2010；Crawshaw、Game，2014）。Molero 等（2013）考察了领导风格、下属－领导依恋关系对员工在组织中的行为及情感的影响，结果发现下属对领导的回避依恋对他们的工作满意度、感知到的领导效能、额外努力以及组织认同等都有消极影响。李艳霞和杨永康（2015）在中国企业中的研究也证实员工对上司的回避依恋会负向预测员工对组织的情感承诺。值得注意的是，在这些研究中，下属－领导焦虑依恋的影响都并不显著。

另外，一些研究者考察了基于安全依恋的一些领导行为对员工的影响。Lavy （2014）发现领导者提供的安全支持容易增加领导者与下属之间的亲密行为，促进下属的工作价值感，并且能提高他们的工作满意度以及情感承诺。Wu 和 Parker（2017）则着重分析了安全依恋对象中最重要的“安全基地”的功能，他们发现当领导支持行为中包含安全基地的几个重要特征——“可得性”“不干预”和“鼓励成长”时，领导安全基地支持行为能有效提升下属的角色幅度自我效能以及工作中的自主性动机，进而提高他们在工作中的主动性行为。

从已有的下属－领导依恋关系的研究来看，对员工行为与绩效方面预测的研究还非常有限。其一，总体的实证研究数量较少，所得到的研究结论也比较有限。其二，现有研究对依恋关系产生作用的边界条件还缺乏探讨。其三，目前还没有发现焦虑依恋关系对哪些员工行为可能产生影响，也可能是基于现有研究的文化背景还未能发现。其四，目前的研究还没有涉及不安全依恋关系是否会增加员工在工作情境中的消极行为。因此，未来在依恋关系的影响效果方面还有很大的研究拓展空间。

2.2.4 下属－领导依恋关系作用机制

领导作为下属的依恋对象，将影响到下属在工作中的心理功能以及行为有效性。这种影响可以通过依恋内在工作模式的动态过程以及拓展建构理论（Broaden and Build Theory）来进行解释（如图 2-1）（Fredrickson，2004；Mikulincer、Shaver，2007）。

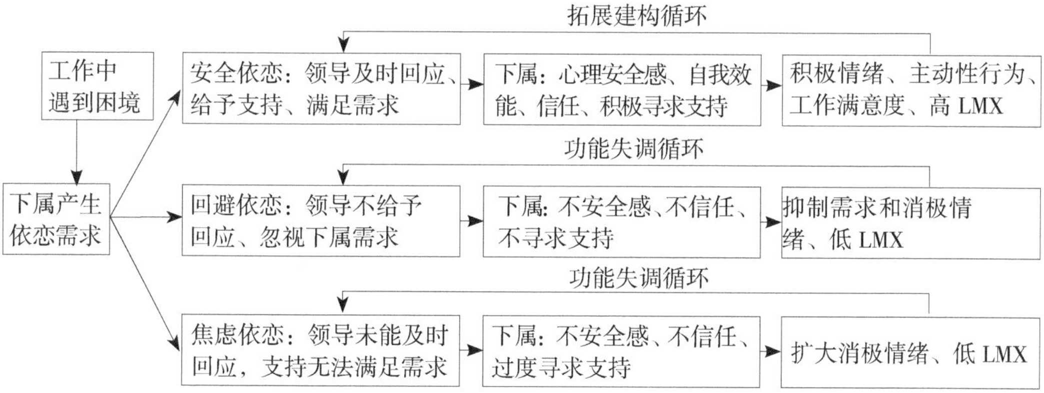

图 2-1 下属－领导依恋关系的作用机制

当下属在工作中遇到困难、有风险的情境时，就会激活依恋系统，产生依恋需求。领导作为掌握更多资源和权力的人，成为了下属寻求依恋的对象。当领导和下属之间为安全依恋关系时，他们能够对下属的需求给予及时的回应，为下属提供“安全港”和“安全基地”，促进下属的心理安全感以及对领导的信任。下属和领导之间有更多鼓励性的交流，他们对领导的支持行为也有更多积极的感知和期待，对领导所提供的建议和指导更为接纳。当下属感到焦虑和不确定时，他们会更多地向领导寻求帮助，并且更开诚布公地和领导讨论工作中的困难，领导也能对下属的困难表现出更多的理解，关注到下属的实际需要，并能更好地提供支持。这些积极的互动有助于下属完成岗位的职责和任务（Frazier et al.，2015；Harms，2016；Camgöz、Karapinar，2016）。这使得下属提高了在工作中的胜任感，他们对领导的支持也有更高的满意度。根据拓展建构理论，这种领导和下属之间的良性互动关系，有助于形成一种积极情绪的“拓展－建构循环（broaden-and-build cycle）”。这种循环可以促进下属在工作中的适应与成长，包括自尊感、被接纳感，增加他们应对人际关系的能力，提升其心理资源进行创造性探索活动，获取新技能，并促进领导－下属关系的发展。

当领导者无法或不愿意对下属的依恋需求做出回应时，即依恋对象不可得（如儿童期父母忽略）时，会引起下属的心理不安全感以及情绪低落。这种不安全感会强化下属在工作困难情境中的痛苦和无能感，怀疑自己的效能，引起心理防御。他们对领导的信任和社会支持会产生偏见。当领导者和下属之间为回避依恋关系时，下属会逐渐产生领导者不值得信赖的观念，感觉领导者能给予的支持很少，对领导者的支持行为印象很弱。他们会拒绝向领导者寻求资源和帮助，抑制消极情绪，并自行解决工作中的困难。当领导者和下属之间为焦虑依恋关系时，他们对领导者的回应与支持会有更多渴求，非常关注领导者的支持行为，当领导者没有能及时回应时，当事人会更加失望和不满意。这样会强化他们对领导者不能提供支持的观点（Game、West、Thomas，2016）。不安全依恋关系的下属在领导者所给予回应与支持方面的认知和期望，反映了当事人对领导的可得性和反应性方面的评价更为消极。这会影响他们随后在工作中与领导者的互动过程，限制他们在工作情境下对心理资源利用。领导者无法提供回应和安全支持，还会引起领导－下属关系的改变，使其陷入到功能失调的循环体验中，导致下属对领导者的不信任、冲突和矛盾心理逐渐扩大（Game，2008）。这种关系模式最终会影响他们的工作绩效、个人成长以及工作适应。

2.3 创造力的研究进展

2.3.1 创造力的概念

在组织行为学领域的研究中，创造力通常被界定为新颖的、有用的产出，包括产品、服务、商业模式、工作方法以及管理流程（Amabile，1988；Zhou、Hoever，2014）。这个概念强调了创造力是一种产出的结果，而不是思考过程。在采用问卷调查的实证研究中，对创造力的测量通常包括了新颖性和实用性。在社会心理学和人格心理学的研究中，创造性的涵义有些差异，一些学者对创造力的操作性定义还包括了流畅性、灵活性和原创性，并且这三者高度相关（De Dreu、Baas、Nijstad，2012）。为了得到创造性的成果，个体需要参与到创造性活动的过程中，让自己更具有创造力的潜质（Shalley，1995）。例如，他们会探索未知领域，以发现一个更好或更独特的问题解决方案，或寻找更新颖的方式来完成任务，并将众多的思维联系起来。创造力可以是个体或者团队的成果，不论他们在哪个领域，或者在组织中的哪个层级（Kim et al.，2012）。

同时，创造力和创新在组织研究中被认为是两个不同的概念（Bharadwaj、Menon，2000）。创造力聚焦于创意的产生，而创新（innovation）包括了创意的产生以及实施。因此，创造力通常被认为是创新的初级阶段，但是创意产生和创意实施的影响因素通常有很大的不同。

2.3.2 创造力的理论模型

组织创造力是组织行为学中一个重要的研究内容。围绕这个主题的理论模型非常丰富（Zhou、Shalley，2008）。从结构功能主义的角度，创造力的主要模型包括 Amabile（1988，1996）的成分模型和 Woodman（1993）的个体－情境交互作用模型。这两个模型都强调个人因素和社会情境因素对员工创造力有重要影响。近年来，也有其他理论对创造力的过程进行了解读，如 Bass 等（2008）综合了创造力研究中不一致的结论，提出了创造力双通道模型。本节将简要介绍创造力的成分模型、交互作用模型以及双通道模型。

（1）创造力的成分模型

Amabile （1988）根据创造力的社会心理学研究，提出了创造力的成分模型（如图 2-2 所示）。该模型认为，个体的创造力由三个重要的组成部分决定：工作动机、领域相关技能以及创造性相关技能。工作动机包括个体对工作的态度和自己对工作动机的感知。动机可以是外部的（工作任务以外的因素，如外部奖励），也可以是内部的（工作本身的因素，如个人对工作的兴趣等）。领域相关技能主要指个体对所从事工作领域所具备的相关专业知识及技能，这些知识和技能需要通过专业学习或培训来获得。如软件开发者需要具备基本的计算机运用能力。创造力相关的技能（在有些文献中被定义为创造力相关过程）包括个体创造性思维的策略、认知风格以及与产生创意有关的知识。

虽然三个部分都与创造力相关，但是 Amabile 尤其强调创造力的内部动机，并提出了创造力的内部动机假设。她认为，内部动机会促进个体创造力，而外部动机则会抑制创造力。但是内部动机和外部动机对创造力的作用还存在争议。Amabile 在之后的研究中发现，某些外部动机也会促进创造力，这意味着内部动机和外部动机也可以产生协同的效果，共同提升个体创造力。

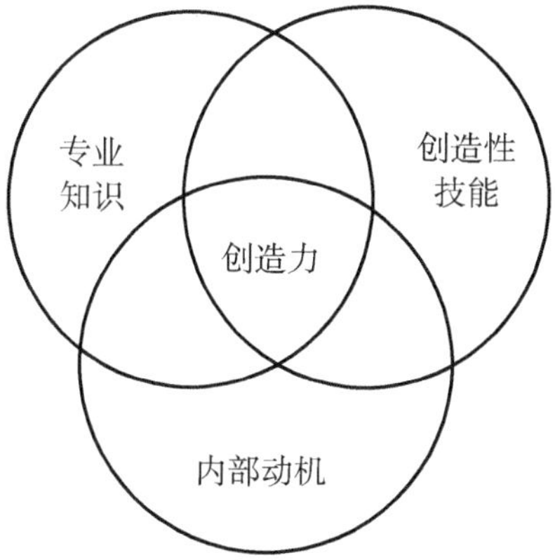

图 2-2 创造力的成分模型

资料来源：Amabile（1988）。

（2）创造力的交互作用模型

20 世纪 90 年代早期，Woodman 及其同事（1993）提出了创造力的交互作用模型（如图 2-3 所示）。他们认为个体层次的创造力受到个人因素、团队因素与组织因素等交互作用的影响。他们强调，在一个复杂的社会系统中，除了个人本身的因素外，团队和组织因素会产生跨层次的影响。根据交互作用模型，Woodman 等（1993）将组织中创造性产出视为个体、团队和组织的特征函数，这些特征的交互作用对创造力起到促进或阻碍的作用。在个人特征方面，他们探讨了个体的认知能力、认知风格、人格因素、内部动机和知识背景的重要性。在团队因素方面，他们讨论了团队规模、团队内部规则、团队凝聚力、团队角色、团队多样性以及团队解决问题的方法等的重要作用。而在组织特征方面，他们强调了组织的文化、奖励措施、资源、组织结构和技术等的重要作用。在这个模型中，Woodman 等将个体、团队和组织的这些特征作为创造力的“输入要素”，将创造性行为和创造性情境视为“转化要素”，最终实现组织创造力的产出。

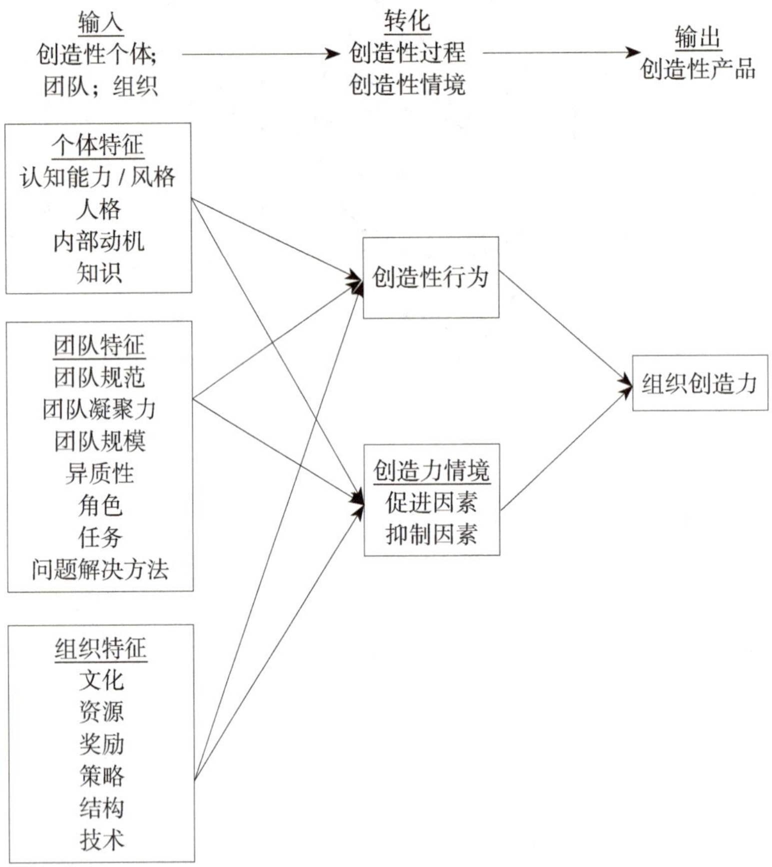

图 2-3　创造力的交互作用模型

资料来源：Woodman、Sawyer、Griffin（1993）。

（3）创造力的双通道模型

基于已有研究的一些不一致结论，Baas 等（2008）提出了创造力的双通道模型（Dual Pathway to Creativity Model，DPCM），如图 2-4 所示。他们认为，不同的情绪和动机对创造力的影响可能是基于不同的路径。从社会和组织心理学的角度，创造力包括流畅性、原创性和灵活性。流畅性是指产生的创意、问题解决或产品的数量。原创性是指创造力的一个重要特征，即创意、问题解决或产品的不寻常性。灵活性是指广泛采用了不同的认知范畴和视角的程度。创造力的这些维度并不一定有相关性。例如创造力的流畅性并不意味着稀缺性（原创性）。同样，影响流畅性的因素不一定会影响原创性。Baas 等认为，创造力的灵活性和原创性可以通过不同的通道来实现。第一条通道强调灵活性思考、发散性思维过程（flexibility）。第二条通道强调分析性和系统性思维的坚持，逐渐累积创造力的可能性（persistancy）。

同时，DPCM 认为，积极的或消极的情绪、状态和特质都可以促进个体的创造力，前提是情绪能达到一定的激活水平（Baas、De Dreu、Nijstad，2011）。正如工作中的压力和绩效为曲线关系一样，情绪和状态适度的激活和唤起，既能提升认知灵活性，也会增加个体工作投入的持续性。一方面，适度激活会提高任务参与和工作动机（Dietrich，2004）；另一方面，从生理的角度，适度的认知激活会释放前额叶的神经递质，如多巴胺和去甲肾上腺素，这将提高个体一系列的认知功能，包括工作记忆、认知灵活性和注意力等（Dreisbach、Goschke，2004）。其中积极的情绪或状态达到激活水平时，会通过认知灵活性通道提高创造力。而消极情绪或状态达到激活水平时，会通过坚持性通道促进创造力（De Dreu、Baas、Nijstad，2012）。

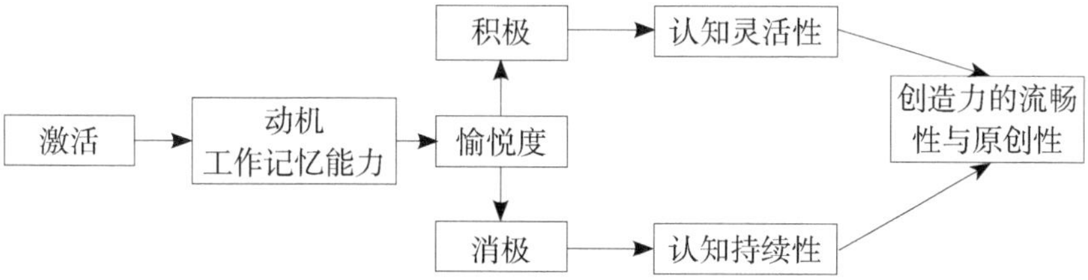

图 2-4　创造力的双通道模型

注：资料来源 Baas 等（2008）。

2.3.3　创造力的影响因素

从 20 世纪 90 年代开始，创造力作为一个独立的研究领域受到了组织心理学和管理学者的大量关注，研究者从个体内部、外部环境以及个体与环境互动等角度发现了大量对创造力有影响的变量。如在个体因素方面，已有研究发现个体的人格、价值观、认知风格、工作动机、情绪情感、工作态度、工作行为等都对创造力有显著影响。在外部环境方面，已有研究考察了工作特征、领导风格、领导行为、团队创新氛围、高绩效工作系统等对创造力的影响。而在个体与环境互动方面，学者们考察了个体的社交网络、领导－下属关系、团队人际沟通等对创造力的影响。表 2-1 列举了影响个体创造力的研究变量及实证文献。

表 2-1　个体创造力影响因素

影响因素	实证研究变量及文献
个人因素	人格因素：开放性（George、Zhou，2001）、尽责性（George、Zhou，2001）、创造性人格（Oldham、Cummings，1996）、主动性人格（Gong et al.，2012）
	价值观：文化价值观（Taras、Kirkman、Steel，2010）、传统性（Zhou et al.，2009）
	认知风格：促进焦点（Zhu、Vengerov，2012）、认知闭合需要（Chirumbolo et al.，2004）、认知结构化（Sagiv et al.，2010）
个人因素	动机因素：内部动机（Hennessey、Amabile，1998）、学习目标导向（Hirst、Van Knippenberg、Zhou，2009; To et al.，2012）、发展需求强度（Shalley、Gilson、Blum，2009）、亲社会动机（Grant et al.，2011）
	情绪情感：积极情感（Parke、Seo、Sherf，2015）、情绪变化（Bledow、Rosing、Frese，2013）、矛盾情感（Fong，2006）、信任感（Madjar、Ortiz-Walters，2009）、自我效能感（Tierney、Farmer，2011）、工作意义感（Cohen-Meitar、Carmeli、Waldman，2009）、压力感（Van Dyne、Jehn、Cummings，2002）、心理安全感（Kark、Carmeli，2009）
	工作态度：工作不满意度（Zhou、George，2001）、组织认同（Liu et al.，2015）
	个体行为：创造性参与（Zhang、Bartol，2010）、求助行为（Grodal、Nelson、Siino，2014）、知识隐藏（Cerne et al.，2014）
环境因素	工作特征：任务目标（Madjar、Shalley，2008）、时间压力（Baer、Oldham，2006; Ohly、Fritz，2010）、工作控制（Binnewies、Wrnlein，2011）、工作结构化（Sagiv et al.，2010）、工作自主性（Volmer、Spurk、Niessen，2012）、工作奖励（Zhang et al.，2015）、问题解决需求（Zhou、Hirst、Shipton，2012）
	领导风格：变革型领导（Shin、Zhou，2003; Wang、Rode，2010）、授权型领导（Zhang、Zhou，2014）、公仆型领导（Yoshida et al.，2014）、分享型领导（Peter、Braun、Frey，2015）、伦理型领导（Chen、Hou，2016）

续表

影响因素	实证研究变量及文献
环境因素	领导行为：领导支持（Chen、Li、Leung，2016）、领导期望（Tierney、Farmer，2004）、领导社会资源（Venkataramani、Richter、Clarke，2014）、领导信任（Madjar、Ortiz-Walters，2009）
	团队和组织因素：人－组织匹配（Choi，2004）、组织创新氛围（顾远东、彭纪生，2010）、高绩效工作系统（Chiang、Hsu、Shih，2015）、团队多样性（Kim et al.，2012）、团队学习（Hirst、Van Knippenberg、Zhou，2009）
社会交往	社会网络（Wang et al.，2015; Zhou et al.，2009）、团队人际沟通（Gilson、Shalley，2004）、领导－下属关系（Liao、Liu、Loi，2010; Olsson、Hemlin、Pousette，2012）

当前的研究趋势认为，由于创造力本身的复杂性，不存在单一的、绝对化的影响因素（Zhou、Hoever，2014）。越来越多的研究支持个体和环境以交互的方式对创造力实施直接或间接影响，并且很多过去被认为对创造力具有稳定影响的变量，在后来的研究中也发现了其影响的有限性。如Grant等（2011）对一系列内部动机和创造力的关系的研究进行回顾，结果发现，内部动机对创造力的影响并不一致。而过去研究认为的工作制度化对创造力有消极影响，但是Ohly及其同事（2006）对德国的高科技企业中的员工进行调查发现，工作的控制性和规范化会促进员工的创造力。因为在这种规范化的工作环境中，员工可以更容易地获取创新所需要的各种资源。因此，在分析创造力影响因素时，还需要进一步厘清各种影响因素的本质。另外，Perry-Smith和Mannucci（2017）提出，因为不同类型的创造力或在创造力的不同阶段其影响因素也会不同，所以，当探讨某种因素对创造力所造成的影响时，还需要考虑对创造力产生影响的具体时机和情境。

2.3.4 领导－下属关系与员工创造力

基于本书的研究范畴，本章节有必要将领导－下属关系对员工创造力的影响的相关研究进行回顾。在激烈的市场竞争环境下，如何促进员工创造力也是领导力理论的重要研究问题。主张关系领导力的学者们着眼于“领导者与员工之间的关系如何影响工作中的创造性绩效”这一问题。Kahn（1998）提出，当员工从事创造性工作时，他们需要承担风险、迎接挑战，并具有灵活性和探索性。当员工感知到和领导者之间存在着亲密联系时，他们能更有效地处理不确定性，在创造性工作中更为投入。Tierney（2008）在领导力－创造力模型中，将领导－下属关系对员工创造性绩效的影响归纳为认知、能力和行为三个层面。而 Shin（2015）在最近的领导力与创造力的机制模型中提出，领导－下属关系对员工创造力的影响还有可能通过个体的情绪机制作用。

从已有的实证研究来看，大多数领导－下属关系的研究都是基于领导－成员交换（leader-member exchange，LMX）理论。Liden 等（2006）提出，领导者在团队中采取差异化的管理方式，与不同的团队成员建立不同的交换关系，这些交换关系是建立在相互情感支持与重要资源交换的基础上。根据交互关系的不同，领导者将成员分为内、外两种不同类型。内团体成员与领导者建立良好的交换关系，由此获得领导者更多的信任和支持。相反，外团体成员与领导者的交换关系质量较差，更倾向于关注契约关系，仅限于工作角色内部分的责任。

尽管 LMX 质量对员工绩效影响的研究多集中于常规性任务绩效，但是已有研究者考察了这种关系对于员工创造性绩效的影响。目前大多数研究都支持高质量的领导－下属关系对员工创造力有积极的促进作用（Scott、Bruce，1994；Volmer、Spurk、Niessen，2012）。首先，高质量的 LMX 员工更有可能通过领导得到领域相关的知识，领导会与他分享技术经验以及对工作问题的理解。这些知识、经验分享，将有助于提高员工的对工作内容的认知，从而激发他们产生更多有创意的想法（Mumford et al.，2002）。其次，高质量的 LMX 员工在工作中有一种授权感（Pan、Sun、Chow，2012）。在高质量的 LMX 中，领导与下属之间相互信任和尊重，领导将给予下属更多的自主权、更大的决策空间以及更多的资源支持，从而提升了个体在创造性活动中的心理安全感和自我决定感（内部动机）。最后，高 LMX 员工在团队中会感到更有影响力，因为相对于低 LMX 的同事，他们可以接近领导，获得更多有价值的信息和资源（Sparrowe、Liden，2005）。高质量 LMX 员工更容易说服他们的同事接受自己内心的想法，赢得支持，并通过与同事合作来实现它们。

近年来，一些研究进一步探讨了高质量 LMX 对创造力影响的边界条件。如 Liao 等（2010）探讨了 LMX 质量对团队成员创造力的影响。他们发现 LMX 质量会提高创造性自我效能，进而提升创造力。但团队内的 LMX 差异会调节 LMX 对创造力的影响。当 LMX 差异低时（也就是说团队成员和领导的 LMX 比较平均），LMX 质量对创造性自我效能以及创造力的正向影响显著。但是当 LMX 差异很大时，LMX 对创造力的影响不显著。Gajendran 和 Joshi（2012）研究了分布全球的工作团队。他们发现当团队沟通频率很高时，LMX 质量会促进团队层次的决策制定，进而提升团队创造力，但是当沟通频率低时，则没有显著影响。

还有一些研究发现了高质量 LMX 作为调节变量对创造力的影响。如 Tierney（1999）发现，虽然适应性认知风格的员工一般不容易投入创造性工作中，但当他们和领导之间形成高质量的 LMX 时，他们将表现出高水平的创造力。Van Dyne 等（2002）考察了工作和家庭中的紧张冲突感（strain）和 LMX 质量对员工创造力的影响。他们发现只有家庭紧张会对创造力有消极作用，并且高质量的 LMX 能够降低家庭紧张感对创造力的消极影响。与此相反，当 LMX 质量低时，工作紧张感对创造力表现出显著的消极作用。

尽管大部分研究都支持高质量的 LMX 关系会激励员工，使员工更具有创造力，但是在团队中，当一部分员工具有高质量 LMX 关系时，意味着另一部分员工正经历低质量 LMX。而当研究过于强调高 LMX 所带来的积极作用时，常常忽略了低 LMX 所带来的消极作用。Martin 等（2016）对 LMX 研究的元分析发现，对于那些被领导所忽视的下属，将出现更多反生产行为或偏离行为，对领导和组织都造成损失（Jones，2009）。并且如果对那些偏离行为或反生产行为采取惩罚措施，容易导致 LMX 低质量的恶性循环。由此，我们需要从员工需求的视角，了解圈内和圈外员工各自的关系需求，降低 LMX 带来的负面效应。

一方面，现有的 LMX 关系与创造力的研究都是基于 LMX 关系对员工一般绩效促进作用的解释（如角色理论、社会交换理论）。而创造性工作相对于一般工作而言具有不确定性、挑战性、非常规性等特点，创造性绩效的产生也有其特殊的规律（Amabile、Herron，1996）。领导－下属关系中对员工创造力的产生激励作用的机制目前并不明确，还需要从其他理论进一步增加领导－下属关系在促进员工进行创造性绩效方面的解释力。

另一方面，越来越多的研究者发现领导－下属关系和员工创造力之间也存在“过犹不及”（too-much-of-a-good-thing）的效应（Pierce、Aguinis，2013）。Harms 和 Han（2016）认为，当下属在与领导的关系中没有受到威胁或得不到消极反馈时，可能也没有动力去参与创造性绩效。同样，那些对积极关系评价很高的领导，也不愿意为了进一步激励员工的创造力而去破坏关系。因此，高质量的 LMX 并不一定是员工创造力的保证。这也说明应当澄清领导－下属关系中真正对创造力产生影响的要素，并适度满足员工的需求，由此更好地促进员工的创造性绩效。

综上所述，在领导－下属关系方面，目前的研究还需要更加明确对员工创造性活动发生作用的具体要素。另外，领导者也要正确认识下属在关系中的实际需求，更合理地利用时间和其他资源，以正确的策略来激励他们投入创造性工作。本研究希望下属－领导依恋关系能从个体需求的视角拓展对员工创造力激励的解读。

2.4　依恋与创造力的关系研究

由于依恋理论直到近几年才被研究者引入组织行为学的研究领域中（Yip、Ehrhardt、Black，2016），因此在已有的研究中，采用实证方法直接探讨依恋对个体创造力影响的研究还非常有限。但是，Bowlby（1969，1982）在依恋理论中尤其强调依恋关系是个体从事不确定性、有挑战性任务的基础。首先，从观察婴儿早期对环境的探索行为开始，一些心理学者运用实验法、观察法或问卷调查的方法，发现了个体的依恋风格或者在亲密关系中的依恋对探索行为和创造力的影响。而探索被认为是创造力的重要前提条件和组成部分（Zhou、Shalley，2003）。其次，已经有一些在组织中的研究发现了依恋对一些有助于创造力的其他变量的影响，如工作主动性等（Wu、Parker，2017）。因此，在这个部分研究者将首先基于已有的理论，分析依恋关系作为个体探索行为的基础。再次，总结已有的关于依恋与个体探索行为和创造力的实证研究。最后，指出已有研究存在的不足与局限。

2.4.1 依恋关系作为探索行为的基础

探索行为是 Bowlby（1982）依恋理论的重要概念。Bowlby 将个体的探索和依恋视为相互依存的行为系统。婴幼儿时期的探索行为，婴儿通过与环境的互动，发展新的认知、能力或者概念。研究者认为，人类的本能中就拥有好奇心和探索的内部动机。Gibson（1988）从进化心理学的角度分析探索行为，认为探索行为来自个体的生存动机，促进个体认知结构的改变，增加对环境的理解、判断和问题解决能力，探索是人类与生俱来的行为动机。然而不论是儿童还是成人，在陌生情境中，他们的探索行为和好奇心都有很大的个体差异。一部分人会觉得新奇、有趣，倾向于进行探索，也有人担忧、害怕，倾向于逃避。

Bowbly（1988）指出，依恋的三个重要特征（维持亲近、安全港和安全基地）中，安全基地是个体展开探索行为的基础。只有当依恋对象是充分可得的（availability），并且有回应的（responsive），个体才会有探索行为。当探索外部环境的过程出现危险或者感到厌倦时，个体会出现寻求亲近的行为。此时依恋对象为其提供保护，成为个体暂时休憩的安全港（Bowlby，1982；Hazan、Shaver，1990）。

因此，依恋关系的质量对于个体从事探索行为具有重要的影响。安全的依恋关系将促进探索行为，而不安全的依恋关系可能会抑制探索行为（Elliot、Reis，2003）。依恋理论可用以说明探索行为的个体间差异。而有关的实证研究，最初可以追溯到 Ainsworth 等（1978）著名的“陌生情境实验”。实验者观察婴儿与母亲之间的互动与婴儿在实验室中进行环境探索的表现。当婴儿与母亲为安全依恋关系时，它们在陌生环境中能自由地进行探索活动，因为他们知道母亲能够在自己需要的时候及时给予回应。

而与母亲为不安全依恋的婴儿，他们的探索活动都会受到消极影响。回避依恋的婴儿在陌生环境中表现刻板，对探索活动没有兴趣。焦虑依恋的婴儿总是过度关注母亲是否在旁边，在探索活动中时常分心。对儿童和青少年行为的研究也证实了这一观察结果（Moss、St-Laurent，2001）。

在对成人依恋与探索的研究中，Fenney（2004）整合了依恋理论中的依恋与探索系统，提出了成年期安全感循环（Circle of Security in Adulthood）模型（见图 2-5），分析了依恋对象（支持提供者）和探索者（支持接受者）之间互动的过程，并解读了在依恋关系中，可得性和回应性支持如何促进探索行为。根据这个模型，当个体（探索者）经历压力事件时，引发寻求支持与安慰的渴望，而主动靠近依恋对象。依恋对象提供安全港，令个体感觉到被支持，从而促进心理安全感和身心健康。在多次互动的过程中，个体感知到依恋对象能及时对自己的依恋需求做出回应，将依恋对象视为安全基地。而依恋对象的支持使个体有进行探索的动机，将目标和挑战视为重要的、可达成的、值得努力的，进而促进其探索行为（如承担挑战或学习新的技能）。

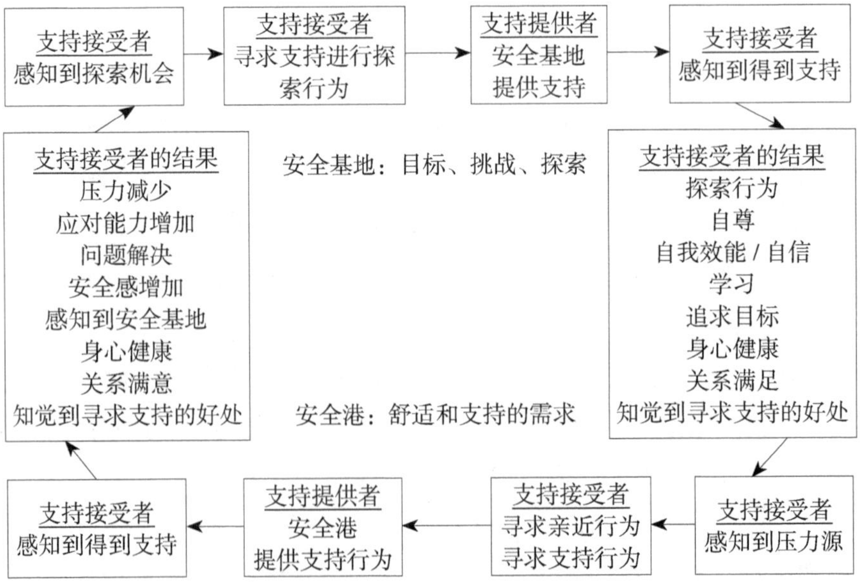

图 2-5　成人期安全感循环

资料来源：Feeney（2004）。

根据依恋理论，安全基地是依恋对象的一种重要功能，它使得个体能够以自信的方式探索环境（Bowlby，1988）。基于 Bowlby 对安全基地的描述，Feeney 和 Thrush（2010）认为安全基地具有三个重要的特征：

（1）可得性（availability）

在个体需要的时候，依恋对象是可得的。正如外出执行任务的部队，随时可以和后方基地取得联系一样。每次部队呼叫的时候，后方基地都会给予及时的回应。依恋对象的可得性是个体安全感的重要来源，也是其探索行为的重要预测指标。并且最近的研究发现，对依恋对象的信赖会促进个体的自主性（Feeney，2007）。Feeney 和 Thrush 认为，当个体感知到依恋对象的可得性时，他们会更容易接受挑战、探索、尝试新事物或冒险等，因为他们相信自己在遇到困难时将会得到来自依恋对象的帮助与指导。依恋对象的可得性还会促进个体在探索活动中的表现，包括自信、持续性以及投入探索活动的激情。

（2）不干预（noninterference）

安全基地的第二个特征是不会随意干预探索活动。根据依恋理论，干预行为会抑制个体的探索活动。干预行为传递了很多消极的信息：①个体不能独立地进行探索活动；②个体没有能力完成探索活动；③个体不值得进行独立的探索活动；④依恋对象不喜欢个体进行探索活动；⑤依恋对象对个体的探索能力有消极看法；⑥探索活动持续被打断，导致活动无效。所有这些信息都会让个体对探索活动抱有一种消极的看法，令他们对探索活动的兴趣减少。干预行为还会影响探索活动的最终表现，因为它影响了个体的专注和活动中的效能感。而依恋对象不干预的做法给个体提供了更好的个人空间，让他们能根据自己的兴趣选择行动方式，这将强化他们在探索活动中的自主性。Feeney 和 Thrush 认为，当个体在进行探索活动时，来自依恋对象的不断干预，还将减少他们在探索活动中的积极体验和成就感。

（3）鼓励并支持探索活动（encouraging and accepting exploration）

来自依恋对象的鼓励对探索行为有重要的影响。鼓励和支持将会激励个体追求目标，在学习和探索中获得成长。这种鼓励还会向个体传递关于探索行为积极的信息，表达依恋对象对探索者能力的信心，使探索者对探索活动更为感兴趣。根据社会认知理论（Bandura，2001），鼓励和支持能提高个体在探索活动中的胜任感。最后，Feeney 和 Thrush 认为，当依恋对象鼓励和支持个体进行探索活动时，探索者将会更有激情，更坚持，有更多的自信，也能取得更好的成绩。在探索活动完成后，他们也会对活动有更多的满意度，更好的效能感，以及更积极情绪。

2.4.2 依恋与探索行为和创造力关系的实证研究

基于依恋理论中依恋关系和个体探索行为的论述，已有大量研究者开展了对依恋和成人探索行为或创造力关系的研究。不过，从实验室实验到现场研究，不同研究者对探索行为和创造力的操作性定义有很大的差异，因此得到的结论也还存在一些局限性。

其一，个体的依恋风格会影响个体的好奇心和探索行为。Mikulincer（1997）探讨了个体的依恋类型和好奇心的关系。他发现，安全依恋的个体相对于不安全依恋的人，在进行社会性决策时，会更多依靠新的信息。这表明安全依恋的个体对获取和利用新的信息更加开放。Johnston（1999）采用问卷调查的方法，比较了安全依恋、回避依恋和焦虑依恋的个体在探索新奇、好奇心和冲动性方面的差异。他发现，回避依恋者相对于安全和焦虑依恋的个体而言在探索新奇和好奇心方面显著更低。而焦虑依恋者和安全依恋者没有显著差异。Wu 和 Yang（2012）以大学生为被试，通过问卷调查探讨了他们的依恋类型和感受到的社会支持与探索行为（包括社会、环境和知识探索）的关系，结果发现焦虑依恋和探索行为之间的关系不显著。但回避依恋与探索行为之间有显著的负相关，社会支持在回避依恋与探索行为之间起中介作用。

Elliot 和 Reis（2003）发现，安全依恋的个体相对于不安全依恋者，他们的成就需要更高，对失败的恐惧更少。他们发现，安全依恋会增加成就动机并促进成就目标设定。Carnally 和 Ruscher（2000）使用休闲行为预测个体对环境的探索。他们的研究也发现，人们从事休闲活动及其原因与他们的依恋风格有关。研究者以大学生为被试，用 Brennan 等人（1998）的维度测量工具评估依恋，以感觉寻求量表上的活动列表评估休闲活动。研究发现高焦虑依恋的人更少参与兴奋和冒险寻求的活动，而高回避依恋者和参与休闲活动关系不显著。

其二，一些实验室研究发现，安全依恋关系在短期也能促进个体的探索行为和创造性绩效。Green 和 Campbell（2000）以大学生为对象，他们发现焦虑依恋或回避依恋得分高的个体探索意愿不强烈。采用启动的研究范式，他们以安全依恋关系和不安全依恋关系两种方式作为启动材料。结果发现，以安全依恋关系启动的被试对探索行为有更开放的态度，表现出更高的探索性倾向。Mikulincer 等（2011）通过实验室的研究也发现，无论是以阈上还是阈下的方式启动安全依恋对象，都会显著提高个体在创造性问题解决任务中的表现。同时，Mikulincer 等还发现，对于焦虑依恋得分低的个体，这种启动效应更为显著。

其三，依恋风格还会调节情绪对个体创造力的影响。Mikulincer 和 Sheffi（2000）通过三个实验研究考察了不同依恋风格的个体在积极情绪启动下其完成创造性问题解决任务中的表现。他们发现，安全依恋的个体在积极情绪的启动下，在创造性问题解决任务中有更好的表现；回避依恋的个体在积极情绪和中性情绪的状态中没有差别；焦虑依恋的个体在积极情绪的条件下反而表现得更糟。基于情绪输入的理论，笔者认为，安全依恋的个体将积极情绪解读为一种积极的情境，由此他们会放松自己，在创造性活动中追求不寻常的表现。

近期，一些研究还考察了个体对特定对象的依恋与探索行为的关系。Coy 等（2012）采用行动者 – 对象互依模型探讨了个体及其伴侣的依恋风格对其进行探索活动的影响。研究结果发现，对于焦虑依恋的行动者而言，当他们的伴侣不在场时，他们在探索活动中坚持的时间更短，积极情绪也更少。而回避依恋的行动者则相反；而当伴侣是焦虑依恋时，个体独自完成任务后体验的积极情绪更多；而当伴侣是回避依恋的个体时，个体完成任务后情绪没有显著差异。因此，个体在创造性任务中的表现和他们自身的依恋风格以及依恋对象是否在场都有关系。

Fenney 和 Thrush（2010）以 167 对夫妻作为观察对象，在实验室进行情境模拟的研究。在实验阶段，夫妻共处同一房间，探索者必须独立解决新奇的、有挑战性的拼图问题，另一方则为陪伴者。两个人的互动过程通过摄像记录，并由观察者针对行为内容进行评分，评估指标包括探索者的探索行为（探索表现和坚持程度）以及陪伴者的安全基地行为。实验结果显示，陪伴者的三种安全基地行为（可得性、不干预性和鼓励）都会显著影响个体的探索行为。

李宣佑（2014）对台湾大学生的研究发现，与亲密朋友之间的安全依恋关系会促进他们的心理安全感，并增加探索行为的倾向。在安全基地的三个特征中，可得性的解释力最强，不干预的解释力相对较弱。

路璐（2014）的研究是为数不多的直接考察组织情境中员工依恋对创造力影响的研究。通过对一家大型通信企业的员工问卷调查，路璐考察了个体对团队的依恋与其创造力的关系。结果发现团队回避依恋会抑制个体在工作中的自主性动机，进而对个体在工作中的创造力有消极影响，并且变革型领导对这一间接作用具有强化作用。然而该研究并没有发现团体焦虑依恋对创造力的影响。

以上这些实证研究表明，无论是实验室实验还是现场研究中，依恋对个体的探索行为和创造力都有显著影响。其中安全依恋对探索行为和创造力具有显著的正向影响，而回避依恋对探索行为以及创造力大多表现为消极影响。但是，焦虑依恋对探索行为和创造力的影响结论还不一致，在有的研究中发现了消极影响，而有些研究中的关系则不显著。

2.4.3 已有研究的不足与局限

综合以上的理论分析和已有的实证研究，可以看到尽管依恋理论引入组织行为研究领域的时间不长，但是已经有了丰富的研究成果，涉及了组织中领导和员工的认知、情感和行为（Richards、Schat，2011；陈琳、乐国林、王利敏，2015）。但是，目前探讨依恋与组织创造力的研究还非常有限，一些关键的研究问题尚需解决。

第一，通过回顾组织创造力的影响因素，我们发现虽然已有一些研究从 LMX 关系质量的视角探讨了领导 – 员工关系对个体创造力的影响，但是 LMX 关系质量对员工的一般绩效也有积极影响。一方面，创造性绩效相对于一般绩效而言具有不确定性、挑战性和非常规性等特点，因此，从 LMX 关系质量的角度，无法明确领导 – 下属关系中真正对创造力产生作用的要素。另一方面，正如一些研究者提出的，LMX 关系质量是基于团队内部社会比较差异形成的（Zhao、Kessel、Kratzer，2014）。换言之，在领导资源有限的前提下，如果能够明确下属对“关系”的个性化需求，就能更好地促进员工的创造性绩效。因此，从依恋关系的视角，探讨下属 – 领导不同依恋关系对员工创造力的影响，将能有助于更深入理解员工在从事创造性工作时对关系的需求。

第二，依恋关系作为个体探索行为的基础，在已有的实验室研究和现场研究中都发现，个体的依恋风格或与特定对象的依恋关系会影响其在实验室情境和生活情境中的探索行为和创造力。但是，在组织情境中，探讨依恋与员工创造力的实证研究还非常有限。有研究者提出，实验室环境中的创造性问题解决和组织情境中员工的创造力还存在着很大差异（周浩、龙立荣，2011）。因此，依恋关系能否在组织情境中影响创造力需要通过实证研究进行验证。

第三，个体的依恋类型或与特定对象形成的依恋关系能够预测他们的探索行为或创造力。其中，安全依恋对探索行为有积极的促进作用，回避依恋对探索行为有消极影响，但是焦虑依恋对探索行为 / 创造力的影响目前结论并不一致。有研究者提出，这可能是由于其中存在边界条件或曲线关系。而且组织情境下的创造力与以往基于实验室研究中的创造性问题解决也有很大的差异。因此，还需要通过实地研究来探讨下属 – 领导焦虑依恋与创造力之间的可能存在的非线性关系以及边界条件。

第四，根据 2.1 节中对依恋在组织情境中的研究回顾，在已有研究中已经发现很多学者探讨了个体的一般依恋风格对领导-下属关系、员工情绪以及员工工作行为的影响。但是，个体的一般依恋风格和对特定对象形成的依恋关系有所不同（Sibley、Overall，2010）。在特定关系中的依恋对他们在具体情境下的情绪和行为有更强的影响。下属-领导特定依恋关系对员工在工作中的情绪和行为的预测作用会更大。Game（2008）的实证研究也证实了员工对领导的特定依恋对其在工作中的消极情绪有更强的解释力。但总体来看，目前这方面的实证研究还非常有限。因此，有必要从下属-领导特定依恋关系的角度探讨员工对领导者的依恋如何影响其在工作中的行为和绩效。

第五，从已有的组织行为研究中所使用的依恋测量工具来看，还缺乏专门测量下属-领导特定依恋关系的量表。已有的测量工具都是基于成人一般依恋风格或亲密关系依恋量表进行适当改编而成。测量工具的缺乏，也限制了深入探讨下属-领导依恋关系对员工认知、情感和行为影响的研究，因此目前也亟待开发专门的测量工具支持这方面的研究（Richards、Schat，2011）。

2.5 本章小结

为了探讨组织情境中下属-领导依恋关系对员工创造力的影响，本章从两条脉络对已有文献进行了梳理。一方面，研究者从依恋理论的视角，回顾了依恋理论的核心内容以及基于依恋理论在组织中已经开展的研究，包括个体依恋类型对领导风格、领导-下属关系、员工情绪以及员工工作行为的影响。同时，重点介绍了下属-领导依恋关系的概念发展、影响因素、影响效果以及作用机制。对这些内容的分析，有助于深入理解下属-领导依恋关系的概念内涵。另一方面，研究者对创造力领域的研究进行了整理，着重介绍了在组织行为研究领域中创造力的概念和代表性理论模型，整理了近年研究中发现的个体创造力的影响因素，并根据本书的研究范畴，着重分析了已有的领导-下属关系与员工创造力研究的现状、问题与不足。

然后，在对这两条脉络的文献进行梳理的基础上，研究者基于依恋理论分析了个体的依恋关系是其在不确定环境中进行探索行为和创造性行为的基础，并分析了已有的文献中探讨个体依恋与创造力的相关研究。最后，研究者指出了已有研究的几点不足与局限：（1）在组织情境下对依恋关系与创造力的研究还非常有限。因此，不能明确依恋关系是否会在工作场景中对组织创造力产生影响。（2）已有的从 LMX 关系质量视角探讨的领导－下属关系与员工创造力的研究，还不能明确领导－下属关系中对创造力发生作用的具体要素，也无法满足不同员工（圈内和圈外）在从事创造性工作时对关系的个性化需求。（3）下属－领导依恋关系作为组织情境中的一种特定依恋关系，其对员工创造力影响的研究还需要建立中介机制和边界条件的分析。（4）下属－领导依恋关系还缺乏专门的测量工具，限制了相关研究。

针对已有文献的不足，本书将开展四个研究。研究一将针对本书的研究需要，开发专门的下属－领导依恋关系量表。研究二将基于依恋理论与自我决定理论，考察在组织情境中，下属－领导安全依恋是否能促进员工的创造力，同时检验员工和谐激情的中介效应以及环境不确定的调节效应。通常研究者都认为不安全依恋不利于个体的探索行为，但是在实证研究中，焦虑依恋和探索 / 创造力的研究关系目前还存在争议。因此，研究三将基于依恋理论和创造力的情绪双通道理论，探讨两种下属－领导不安全依恋关系（回避和焦虑）对员工创造力的影响，并考察其影响机制与边界条件。最后，基于依恋理论中安全基地的概念，研究四将深入探讨领导安全基地支持作为边界条件，能否改善不安全依恋员工的创造力。

3　下属－领导依恋关系量表编制

3.1　问题提出

依恋最初来自婴儿与其照顾者之间形成的特殊的情感联结。在与照顾者互动的过程中，婴儿逐渐形成了关于关系中自我和他人的内部表征，即依恋的内在工作系统。Ainsworth（1978）根据对婴儿行为的观测，编制了最初对个体依恋类型的编码：安全依恋、不安全－回避依恋和不安全－焦虑依恋。基于 Ainsworth 对依恋的编码，在已有的依恋相关的测量中，主要有两种方法：自陈法和访谈法。常见的访谈式测量工具有 Adult Attachment Interview（AAI）（Hesse，2008）、Adult Attachment Projective（George、West，2001）、Attachment Style Interview（Bifulco et al.，2002）等。采用访谈法的测量工具通常将依恋分为三种（安全、焦虑和回避）或四种类型（安全、焦虑、回避和恐惧）。出于研究方法的便利性，更多的研究者开发了自陈式量表来测量个体的一般依恋或者特定依恋关系，如 Adult Attachment Styles（Hazan、Shaver，1990），Adult Attachment Questionnaire（Simpson，1990）、Adult Attachment Scale（AAS）（Collins、Read，1990）、Experiences in Close Relationships（ECR）（Brennan、Clark、Shaver，1998）或者 Experiences in Close Relationships-Revised（ECR-R）（Fraley，2000）、Relationship Scales Questionnaire（RSQ）（Griffin、

Bartholomew，1994）等。尽管已有的成人依恋问卷非常丰富，但是针对组织情境，尤其针对特定下属和领导者之间依恋关系的测量还非常有限。这其中还存在如下的问题：

第一，已有研究者通过实证研究发现，个体在不同关系中表现的依恋风格（如婚恋依恋和亲子依恋）相关非常低，而且特定关系中的依恋风格与一般依恋风格的一致性程度仅仅为中低等水平（Wang、Wang，2012）。因此，结合具体的研究情境和关系，需要有针对性地开发不同的测量工具。

第二，已有的一些组织情境中的量表都是以成人依恋量表或亲密关系依恋量表为基础，将题项中表述对象进行了修改。例如，李同归和刘飏（2012）编制的团体依恋问卷，即将ECR问卷中的"亲近的人"改为"团队"。在很多研究中，研究者也都采用了这种改编的方法，但是一些基于伴侣或一般关系所开发的题项，并不一定适合下属和领导之间的关系。如ECR问卷中"我担心我会被抛弃""我常常想与亲近的人形影不离，但有时这样会把亲近的人吓跑"。这些题项很难被直接改为适合于测量下属－领导关系的题项。

第三，已有的依恋测量工具，受限于量表题项过多的问题，会影响在组织情境中的使用（Richards、Schat，2011）。如ECR问卷有36题，每个维度18题，RSQ问卷也有30题。在组织研究中，为保证受测者答题的真实性和配合度，通常倾向于采用简短的测量工具。而根据这些量表所直接改编的工作情境下的依恋测量工具往往会增加整体调查问卷的长度（李同归、刘飏，2012），加大了受测者的答题负担。

第四，在对已有文献的回顾中，研究者发现专门用于测量下属－领导特定依恋关系的量表非常少。一些研究者所编制的组织情境中的员工依恋风格量表并没有反映下属－领导之间特定的依恋关系。而仅有的Game（2008）编制的下属－领导特定依恋关系问卷也还存在一些问题。其一，该量表焦虑依恋维度的信度不高（0.68），而且部分题项的因子载荷过低（最低为0.27）。其二，量表编制时，在题项的筛选上存在一定的文化差异。一些对依恋状态的描述似乎和依恋理论原有的构念不一致。其三，该量表选用的是两维结构，而在实际情境应用中，更多研究者采用的是三维结构，这也存在一些争议。

考虑到以上这些问题，本研究将根据中国组织情境下的实际情况，编制下属－领导特定依恋关系量表。

3.2 量表理论建构

3.2.1 量表设计

对依恋的测量方式一直都存在很大的争议。第一个争议是依恋测量应该以类型为主还是维度为主（Ravitz，2010）。一些研究者认为，根据社会认知理论，人们在评价他人时习惯于采用类别的方式（Reis、Carothers，2014）。如对朋友的依恋，根据与其交往的经历判断为“安全”“焦虑”或“回避”。早期 Hazan 和 Shaver（1990）所编制的成人依恋测量工具即对三种不同依恋类型进行描述，然后由受测者根据与依恋对象的交往选择一种类别代表自己与对象之间的依恋关系。还有研究者认为，个体的一般依恋模式是可以通过维度的方式进行测量，但是在特定的依恋关系中，人们对依恋的判断是以依恋类型为主（Fraley et al.，2015）。Fraley（2015）通过实证研究比较了两种测量方式，结果发现以维度测量方式得到的依恋结果具有更好的一致性，并且对一般依恋和特定依恋的测量都得到了一致的结论。目前更多的研究者支持，在依恋的测量方面采用维度的方式（Mikulincer、Shaver，2007）。本研究也将采用这一观点。

第二个存在争议的是自陈量表的维度设计问题。采用自陈方法测量主要有两维和三维两种取向。两维取向的研究者大多基于 Brennan 等（1998）提出的测量方式，他们认为成人依恋的取向反映在焦虑和回避两个维度上，而安全依恋被认为是在两个维度同时得分很低的状态。而三维测量取向的研究者基于 Ainsworth 等（1978）以及 Hazan 和 Shaver（1990）对依恋的分类，他们认为应该包括安全、回避和焦虑三个维度，其中安全依恋应该是一个独立的维度。在第 2 章的文献综述中，研究者已经介绍了在已有的组织研究中所采用的依恋量表，一些直接改编自 Brennan（1998）亲密关系依恋的量表都是采用两维设计，如 Game（2008）根据回避 – 焦虑的两维结构编制了下属 – 领导特定关系量表。在焦虑依恋维度得分较高，表明下属在与领导的关系中有一种“消极自我”的内部表征，他们会很在意是否被领导接受，在关系中感觉到自己的无价值感。

从应用的角度来看，一些研究者认为三个维度的量表更适用于具体的情境（Gillath et al.，2009；Ravitz，2010）。如在 Carver（1997）开发的依恋量表中，他将量表分为三个维度：安全、回避和矛盾（包括了焦虑依恋的两种状态：担忧和渴望靠近）。他认为安全依恋不是一种安全的状态，而是个体对于关系中安全港和安全基地的认同状态。另外，采用两维或是三维的测量结构可能也与研究者量表编制的方式有关。采用因子分析模式得出的量表题项，其中关于回避依恋与焦虑依恋的反向题往往聚合到安全依恋维度，由此得到三维的量表结构。而采用理论推导的方式所编写的测量工具，会限定于两维的量表结构（王大华等，2015）。

对此，Gillath 等 （2009）指出，依恋的三维分类更好地反映了依恋的动态过程和心理模式：对依恋对象的焦虑状态、对依恋对象的回避状态，以及基于安全的应对策略。而最后一个维度，并不是简单地低焦虑和低回避。正如在情绪的测量方面，在特质消极情绪上得分低并不一定意味着较高的特质积极情绪。因此，采用三维的测量方式更为合适。

基于以上探讨，本研究认为在测量下属 – 领导依恋关系这一具体情境时，采用三维的测量方式可以更好地反映领导者和员工之间的关系现状，也便于解读不同的下属 – 领导依恋关系对员工行为的影响。

3.2.2　量表各维度的操作性定义

在依恋测量中，最早的命名和操作性定义都是基于 Ainsworth（1978）根据对婴儿行为的观测以及对婴儿依恋类型的编码：安全依恋、不安全 – 回避依恋和不安全 – 焦虑依恋。Hazan 和 Shaver（1987）将依恋拓展到成人的研究中，根据个体在亲密关系中的行为模式，也将成人依恋分为安全依恋、回避依恋和焦虑依恋三种类型。在具体的研究中，他们对这三者描述为：

A. 与别人亲密令我感到有些不舒服；我发现自己难以完全信任他们、难以让自己依赖他们。当别人与我太亲密时我会紧张，别人想让我更加亲密时，我感到不舒服。——回避依恋

B. 我发现与别人亲密并不难，并能安心地依赖于别人和让别人依赖我。我不担心被别人抛弃，也不担心别人与我关系太亲密。——安全依恋

C. 我发现别人不乐意像我希望的那样与我亲密。我经常担心自己的伴侣并不真爱我或不想与我在一起。我想与伴侣关系非常亲密，而这有时会吓跑别人。——焦虑依恋

Collins 和 Read（1990）也将依恋的测量分为三个维度，不过 与 Hazan 和 Shaver（1987）划分的方式有所不同。Collins 等认为，依恋的三个维度的核心在于亲密（closeness）、信赖（dependence）和焦虑（Anxiety）。亲密是指个体对其他人的亲近会不会感到不舒服，信赖是指个体是否相信在有需求的时候其他人可以依赖；而焦虑是指个体是否会担忧对方抛弃或者不爱自己。

Brennan、Clark 和 Shaver （1998）焦虑依恋被定义为在人际关系中害怕被拒绝或者被抛弃，过分需要被对方肯定，当对方不可得或者没有回应时会感到痛苦。回避依恋被定义为害怕依赖或者人际亲密，过分需要自立，不愿意自我暴露。在两个维度得分都很高的个体被认为是不安全依恋个体。而在两个维度得分都很低的人，被认为是安全依恋的个体。

综合文献研究和已有测量工具中维度的分析，本研究将下属－领导依恋关系量表确定为三个维度：（1）下属－领导安全依恋；（2）下属－领导回避依恋；（3）下属－领导焦虑依恋。量表的结构框架及各维度的操作性定义见表 3–1。

表 3-1 下属 - 领导依恋关系各维度操作性定义

维度名称	操作性定义
下属 - 领导安全依恋	在安全依恋维度得分高的个体，表明下属在与领导的关系中有"积极自我""积极他人"的内部表征，他们对领导有足够的信赖，能积极主动向领导寻求反馈和支持
下属 - 领导回避依恋	在回避依恋维度得分高的个体，表明下属与领导的关系中有一种"消极他人"的内部表征，他们对领导缺乏信任，感觉领导不值得信赖，在关系中更渴望自立
下属 - 领导焦虑依恋	在焦虑依恋维度得分高的个体，表明下属在与领导的关系中有一种"消极自我"的内部表征，他们会很在意是否被领导接受，在关系中感觉到自己的无价值感

3.3 量表编制方法

3.3.1 量表题项收集

本研究参考了 Brennan 等（1998）在编制亲密关系体验量表（ECR）时采用的题项筛选法。Brennan 等以大学生为测试样本，通过对 14 个相关的依恋量表中题项的筛选，发现了亲密关系依恋中的两个基本维度：焦虑依恋和回避依恋。亲密关系体验量表被认为具有良好的信度和效度，并在其他研究中得到了广泛使用。

选择这种方法主要有两个原因。一方面，基于成熟的依恋量表进行题项选择，这些题项更能反映不同依恋维度的概念内涵。另一方面，亲密关系体验量表的长期广泛使用，说明了这种方法的科学性和可行性。如 Frazier 等（2007）编制的工作场景依恋量表，Gillath 等（2009）编制的依恋状态量表也都采用了相同的方法。

研究者借鉴国外广泛使用的成人依恋问卷以及已有的根据工作情境下的依恋量表（见表 3-2），包括目前在工作情境中应用比较多的自我依赖问卷（Self-Reliance Inventory）（Joplin、Nelson、Quick，1999）和工作场景依恋量表（Workpalce Attachment Scale）（Scrima，2015）等。将这些问卷中的题项根据所归属的维度进行整合，共得到 149 条初始题项。对这些初始题项经过了如下处理：第一步，由于这些量表的开发过程也存在相互借鉴，因此研究者首先将所有题项进行整理，删除意思表达完全一致或非常相近的题项。第二步，删除不适合描述下属－领导关系的题项。第三步，根据文献分析，由一位心理学领域和一位组织行为学领域的专家进行评估，选择最接近量表维度设计及各维度操作性定义的题项。第四步，根据对在职人员的访谈，探讨了各个题项的适用情境。对于不适合组织情境中下属－领导关系描述的题项，进行删除。最终确定了 45 个题项。下属－领导安全依恋、焦虑依恋和回避依恋三个维度各 15 个题项。初测问卷和正式施测问卷均采用 Likert-7 的计分方式，要求受测对象根据自己与领导的相处模式进行选择。“1”表示对所描述的关系模式“完全不同意”，“7”表示“完全同意”。

表 3-2　题项收集参考量表列表

量表名称	测量内容	维度设计	题项数	出处
Adult Attachment Questionnaire（AAQ）	成人一般依恋	焦虑依恋 回避依恋	17 题	Simpson、Rholes、Phillips（1996）
Relationship Style Questionnaire（RSQ）	成人一般依恋	安全依恋 回避依恋 焦虑依恋 恐惧依恋	30 题	Griffin、Bartholomew（1994）
Experiences in Close Relationships Scale（ECR）	亲密关系依恋	回避依恋 焦虑依恋	36 题	Brennan（1998）
Self-Reliance Inventory（SRI）	工作场景的依恋	互依性 回避 过度依赖	19 题	Joplin、Nelson、Quick（1999）
Attachment at work Questionnaire	工作场景的依恋	安全依恋 回避依恋 焦虑依恋	18 题	Frazier et al.（2015）
Workpalce Attachment Scale（WAS）	工作场景的依恋	安全依恋 回避依恋 焦虑依恋	18 题	Scrima（2015）
Superrvisor-specific Relational Measure（SSRM）	下属－领导特定依恋	回避依恋 焦虑依恋	11 题	Game（2008）

3.3.2　研究样本

本研究分为初测和正式施测两个阶段进行数据收集。初测被试通过某大型在线调查网站进行在线招募。这种方法招募被试效率较高，问卷回复率高，在以往的研究中也有使用过（Wu、Parker，2017）。为保证问卷收集质量，研究者设置了 2 道测谎题，并记录相应的作答时间。共 297 人在 3 天内填写了在线调查问卷。除去测谎题不合格，答题时间低于 2 个标准差，以及 S 型作答的问卷，最终有效填写问卷人数为 249 人（有效率 83.84%）。其中男性为 155 人（52.19%），平均年龄为 29.7 岁，平均任职年限为 6.28 年，与领导共事时间平均为 4.26 年。其中大专学历为 57 人（19.19%），本科学历为人 176（59.26%），研究生学历为 12 人（4.04%），其他学历为 4 人（1.34%）。月收入水平在 3000 元以内为 28 人（9.43%），月收入 3000 ～ 5000 元有 80 人（26.93%），月收入 5000 ～ 10000 元有 143 人（48.15%），月收入 10000 元以上有 46 人（15.49%）。被试所在工作岗位为普通员工有 113 人（38.05%），基层主管有 122 人（41.08%），中层管理人员 44 人（14.81%），高级管理人员 18 人（6.06%）。

在正式测试中，为了保证样本来源的多样性，研究者在武汉某高校大学三年级本科生中招募了 30 名调查人员，由调查人员在全国范围内进行数据采集。此种调查方法在以往的研究中也经常使用（Richards、Schat，2011）。最终调查回收有效问卷 328 份。其中男性为 173 人（占比 58.8%），平均年龄为 29.6 岁，其中大专学历为 48 人（14.6%），本科学历为 247 人（75.3%），研究生学历为 24 人（7.3%），其他学历为 9 人（2.7%）。月收入水平在 3000 元以内为 17 人（5.2%），月收入 3000 ～ 5000 元有 77 人（23.5%），月收入 5000 ～ 10000 元有 190 人（57.9%），月收入 10000 元以上有 44 人（13.4%）。被试所在工作岗位为普通员工有 88 人（26.8%），基层主管有 102 人（31.1%），中层管理人员 114 人（34.8%），高级管理人员 24 人（7.3%）。平均任职年限为 7.34 年，与领导共事时间平均为 4.71 年。

3.3.3 效标工具

以往研究表明，下属－领导依恋关系首先会影响他们和领导之间的信任以及工作中的心理安全感。下属－领导安全依恋关系将会促进下属对领导的信任，并提升他们在工作中的心理安全感。而下属－领导焦虑依恋和回避依恋会降低对领导的信任，并对心理安全感有消极影响（Harms，2016；Camgöz、Karapinar，2016）。因此，本研究采用信任以及心理安全感作为量表的效标工具。

（1）信任量表

采用 Podsakoff（1990）编制的信任量表。该量表主要测试下属对领导的信任程度，共6个题项，如“我想我的领导会公平对待我”。在正式施测中，该量表的 Cronbach’s α 系数为 0.85。

（2）心理安全感

心理安全感采用 Liang（2012）编制的问卷，共 5 个题项，如“我在工作中表达的看法都是自己真实的感受”“在工作中我可以随意展示自己”。在正式施测中，该量表的 Cronbach’s α 系数为 0.87。

3.3.4 统计方法

本研究采用 SPSS22.0 以及 LISREL8.70 进行统计分析。首先，根据初测数据，采用 SPSS22.0 对题项进行初步筛选、探索性因素分析。其次，根据正式施测所收集的数据，运用 SPSS22.0 对量表进行信度分析，运用 LISREL8.70 对量表的维度进行结构效度分析。最后，运用 SPSS22.0 进行效标关联效度分析。

3.4　研究结果

3.4.1　项目分析

本研究根据初测收集的297份问卷进行项目分析。第一步，根据临界比率值，对所有被调查者在各维度上的总得分按从高到低进行排序，将总分前25%设置为高分组，总分后25%设置为低分组。比较两组在每个题项上的平均值，结果表明所有题项CR值均大于3.0，达到显著性水平。

第二步，运用相关分析法，计算每个题项与所在维度总分的相关并进行排序。删除与维度总分相关小于0.50的项目，共删除7道题。

第三步，运用信度检验法，逐一计算每个题项删除后，经校正的题总相关（CITC）。若题项删除后该维度的信度系数比原先的信度系数有所增加，则考虑删除，共删除8道题。

3.4.2　探索性因子分析

采用SPSS22.0软件对初测297名受测人员的数据进行了KMO值的计算与Bartlett球形检验，验证观测变量之间是否有共同因子存在以及量表题项可否进行因子分析。结果表明*KMO*为0.92，Bartlett球形检验卡方值为4153.90（df=153，p<0.001）。表明所收集的数据适合进行探索性因子分析。采用主成分分析法提取公因子，再根据方差极大正交旋转法进行结构分析。

在探索性因子分析中遵循如下删题原则，第一步，删除在所有因子上载荷均小于0.40的题项；第二步，删除具有双重载荷的题项（在两个因子上的载荷都大于0.40）。在经过逐题删除之后，比较每次删除后的信度指标和累积解释变异量的变化，并与维度设计进行比较。最终得到以下的因子分析结构。三个因子分别为“下属－领导安全依恋”（6个题项），“下属－领导回避依恋”（6个题项），“下属－领导焦虑依恋”（6个题项）。三个因子共能解释总变异量的70.03%（见表3–3）。

表 3-3　量表题项探索性因子分析结果

量表项目	因子 1	因子 2	因子 3
在工作中我能和领导处理好关系	0.75		
我感到可以很轻松地信赖我的领导	0.82		
当我需要的时候我可以指望得到领导的支持	0.76		
我觉得在工作中和领导走得近是很容易的事情	0.77		
我可以很坦诚地与领导讨论问题	0.82		
在工作中得到领导的信赖让我感觉很自在	0.81		
我不太喜欢领导了解我太多		0.84	
当领导希望跟我走得很近时，我会觉得不自在		0.83	
我试图避免与领导变得太亲近		0.77	
我发现让我依赖领导，是一件困难的事情		0.79	
我尽量不去向领导寻求帮助或建议		0.77	
总的来说，我不喜欢让领导知道自己内心深处的想法		0.68	
我常常担心我和领导的关系			0.69
如果我无法得到领导的关注和支持，我会心里不舒服			0.75
我常常担心领导并不真的喜欢我			0.87
我常常担心领导不愿意和我一起工作			0.89
我担心一旦领导了解真实的我，他 / 她可能不会喜欢我			0.84
我担心在领导眼中我比不上其他同事			0.86
方差解释量	23.87%	23.08%	23.08%
累计方差解释量	23.87%	46.95%	70.03%

注：N=297。

3.4.3　信度检验

根据正式施测的数据，研究者对量表各维度进行信效度检验。信度检验主要采用内部一致性信度和分半信度作为指标。内部一致性信度采用 Cronbach’s α 系数。由表 3-4 可以看出，各维度的 Cronbach’s α 系数均大于 0.90，表明各维度的信度非常高。分半信度采用奇偶分组的方法，将量表中的题项按奇数和偶数分为两个部分，然后计算两部分题项总分的相关系数。如表 3-4 中所示，各维度的分半信度均大于 0.90，这也表明量表各维度的信度非常高。

表 3–4　量表信度检验结果

	安全依恋	回避依恋	焦虑依恋
内部一致性信度	0.91	0.90	0.91
分半信度	0.92	0.93	0.93

注：*N*=328。

3.4.4　效度检验

（1）结构效度

采用 LISREL8.70 对下属－领导依恋关系量表的一阶三因子模型进行验证性因子分析。如表 3–5 所示，分别比较了不同模型的拟合指数。首先，计算 18 个题项提取一个因子时模型的拟合指数。其次，分别合并 2 个因子后，得到三种不同模型的拟合指数。最后，根据探索性因子分析的结果，计算了三因子模型的拟合指数。从模型比较的结果来看，三因子模型拟合度最好，基本达到了临界值的要求，说明量表的三因子结构较为合理。图 3–1 为量表一阶三因子模型的结果。

表 3–5　验证性因子分析结果

	χ^2	df	χ^2/df	*CFI*	*TLI*	*RMSEA*
单因子模型	2078.01	135	15.39	0.53	0.46	0.21
两因子模型 [a]	1646.41	134	12.29	0.63	0.58	0.19
两因子模型 [b]	1390.10	134	10.37	0.69	0.65	0.17
两因子模型 [c]	1066.66	134	7.96	0.77	0.74	0.15
三因子模型	407.65	132	3.01	0.93	0.92	0.08

注：*N*=328。

单因子模型 = 安全依恋 + 回避依恋 + 焦虑依恋；

两因子模型 [a]= 安全依恋 + 焦虑依恋，回避依恋；

两因子模型 [b]= 安全依恋，回避依恋 + 焦虑依恋；

两因子模型 [c]= 安全依恋 + 回避依恋，焦虑依恋；

三因子模型 = 安全依恋，回避依恋，焦虑依恋。

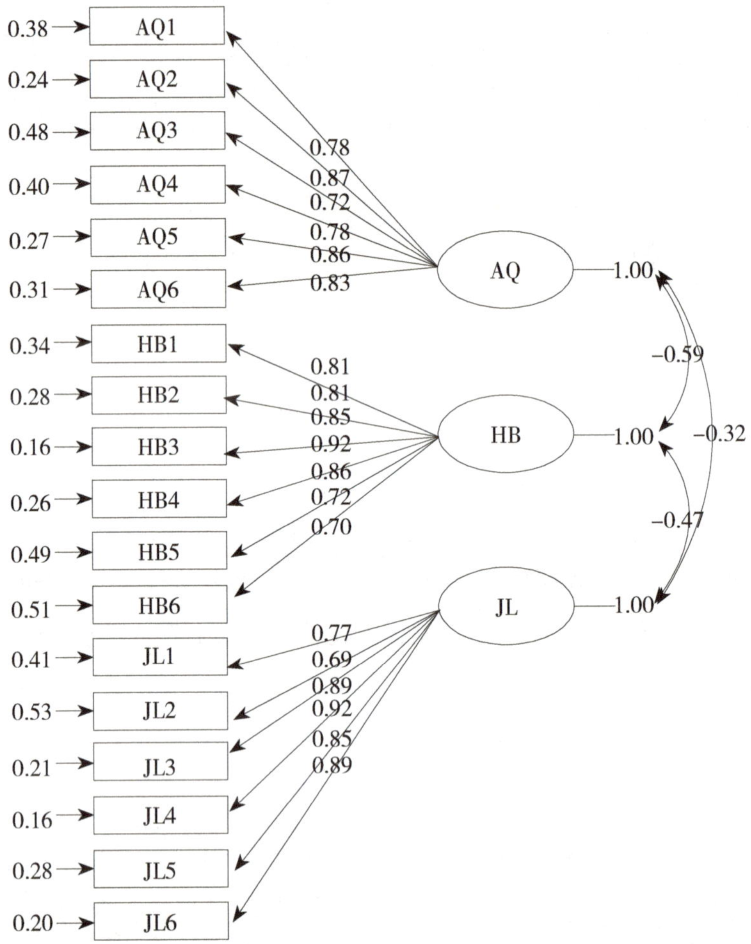

图 3-1　下属－领导依恋关系量表的一阶三因子模型

注：AQ= 安全依恋；HB= 回避依恋；JL= 焦虑依恋。

（2）效标关联效度

下属－领导依恋关系各维度与效标之间的相关系数见表 3-6。下属－领导安全依恋与心理安全感、信任均为正相关，而下属－领导回避依恋、下属－领导焦虑依恋与心理安全感、信任均为负相关。这与依恋理论的假设是一致的。

表 3–6　效标关联效度检验结果

	安全依恋	回避依恋	焦虑依恋
信任	0.68***	–0.51***	–0.22***
心理安全感	0.61***	–0.41***	–0.21***

注：N=328，*** 表明显著性水平 p<0.001。

3.5　讨论

3.5.1　下属 – 领导依恋关系量表的信度和效度

本研究根据心理测量学的要求，在题项整理和预测的基础上，形成了正式施测的量表，并通过大样本施测收集相关数据，对量表进行了验证性因子分析和信效度分析。样本数据符合下属 – 领导依恋关系三个维度的理论构想。量表开发的标准化流程使得量表具有较高的信度和效度。

其一，从统计结果来看，量表的各维度均有很高的内部一致性。这与量表开发中使用的题项筛选流程有关。运用类似方法进行量表编制的问卷，通常在分量表上都能得到较高的信度。但是，在题项筛选后，正式施测的量表没有反向计分题，这是由于量表在维度设计方面采用了三维结构。从验证性因子分析的结果来看，量表三个维度的关系更接近“Y”形，这与 Gillath 等（2009）的观点一致，即依恋关系可以分为安全依恋和不安全依恋，而不安全依恋中包括焦虑依恋和回避依恋两种模式。因此，在题项中回避依恋或焦虑依恋的反向题，在进行探索性因子分析的时候容易被归为安全依恋维度（王大华等，2015）。

其二，由于本次正式施测的方式问题，本量表没有能够对施测对象进行再次测量，因此没有能够取得复本信度。不过将量表各维度根据奇数、偶数题项进行分类后，从分半信度的指标来看仍然有很高的一致性。在未来的研究中，可以通过其他的施测方式，进一步验证量表的复本信度。从量表的结构效度来看，三个维度的设计得到了理想的数据支持。正如

Scrima （2015）与 Frazier 等（2007）所开发的工作情境中的依恋量表，均为三维的结构设计。这也证实了在具体情境的测量中，基于安全、回避和焦虑三个维度的设计更符合现实中人们对关系状态的描述（Ravitz，2010）。

其三，以员工心理安全感和领导信任作为效标，研究发现下属－领导安全依恋与心理安全感和领导信任有较高的正相关，而焦虑依恋和回避依恋与这两个指标均为负相关。这表明量表的效标关联效度也得到了数据支持。不过，本研究中仅测量了两个效标，可能还未能对下属－领导依恋关系进行全面验证。在今后的研究中可以增加其他的反映领导－员工关系的变量，如情感承诺等，以证实下属－领导依恋关系的有效性。

3.5.2 下属－领导依恋关系测量的文化差异

本研究发现，调查参与者在安全依恋的得分显著高于回避依恋和焦虑依恋。这与依恋理论中认为的依恋类型的分布是一致的。从成人依恋的研究来看，在不同文化中的调查中都显示，安全依恋类型的通常最多，其次为焦虑依恋的个体，而回避依恋在人群中所占比例最少。但是本研究在量表编制过程中，全部采用的是中国企业员工的数据，而个体的文化观会影响下属－领导之间的依恋关系。中国人被认为具有高权力距离、不确定规避以及集体主义价值观，并且在组织情境中人们也非常重视与领导的“关系”（Zhang、Lam、Deng，2016）。由此人们可能会更容易对领导产生依恋（Mayseless、Popper，2007）。因此，本研究基于中国组织员工所开发的测量工具还需要在其他文化背景中进行验证。

另外，一些跨文化比较研究发现，东亚文化中的成人有较多的焦虑依恋风格（Schmitt et al.，2004）。并且在集体主义文化下的研究发现，这些文化下的成人更强调关系的亲密与和谐性（Friedman，2010）。因此在中国文化背景中的员工对“焦虑依恋”维度题项的理解可能与个体主义文化下的员工有差异。本研究所编制的量表还需要在低集体主义、低权力距离的文化下进行验证，以进一步确定量表的题项表述和各维度的概念内涵一致。

3.6 本章小结

本研究从依恋理论的构念出发，通过回顾和比较不同依恋测量方式的理论观点，探讨了下属－领导依恋关系的结构以及各维度的操作性定义。在理论分析的基础上，借鉴已有实证研究中所采用的依恋量表，编制了可用于测量下属－领导依恋关系的初始量表。根据心理测量学中量表开发的步骤，通过问卷调查和统计检验，确定了下属－领导依恋关系的最终量表，并验证了量表的信度和效度。统计结果表明：

（1）下属－领导依恋关系的三维结构设计具有合理性；

（2）下属－领导依恋关系量表具有良好的信度和效度；

（3）下属－领导依恋关系能有效预测员工在组织中对领导的信任和心理安全感。

在第4—6章中，研究者将基于这一测量工具，正式探讨在工作情境中下属－领导依恋关系对员工创造力的影响及其作用机制问题。

4 下属－领导安全依恋对员工创造力的影响

4.1 问题提出

随着科学技术的迅速发展，全球商业环境的竞争不断加剧，市场对企业产品和服务的创新能力不断提出更高的要求（Anderson、Potonik、Zhou，2014）。员工创造力作为企业创新能力的基础，是企业生存、发展和保持竞争优势的重要来源。因此，如何通过有效的管理方式来激发下属的创造力成为管理者日益重视的问题。

正如第 2 章的文献分析中回顾的，大量研究者从不同角度探讨了影响员工创造力的相关因素，主要包括员工个人因素、情境因素以及两者之间的交互作用。而在情境因素中，领导者被认为是影响员工创造力最重要的因素之一。从领导－员工关系的视角，高质量的领导－员工关系将促进员工的工作绩效，也包括员工的创造力（Wang et al.，2015）。然而，一方面，领导－下属之间关系所包含的内容有着巨大的差异（Zhang、Lam、Deng，2016）。领导与下属的互动关系中哪些部分对创造力有积极的促进作用目前并不明确。另一方面，员工创造力和一般工作绩效有本质差别。创造力通常包含着不确定性和风险（Zhou、Hoever，2014），在领导－下属关系中，需要包含一种适合探索和保护内部动机的氛围，才更有可能激发下属的创造力（Guo、Dilley、Gonzales，2016）。

鉴于此，本研究引入依恋理论，探讨领导和员工之间的依恋关系如何影响创造力。尽管依恋理论过去一直用于发展心理学和社会心理学的研究中，但近年来这一理论被拓展到组织行为学的研究领域，并开展了大量关于领导力及员工行为的实证研究，包括依恋与领导风格、员工信任、情绪调节、雇用关系、员工情绪以及主动性行为之间的关系等（Harms，2011；陈琳、乐国林、王利敏，2015）。首先，根据依恋理论，个体在不确定的环境中会本能地靠近他人，并根据和他人之间过去的互动经验发展出不同的依恋模式（安全、焦虑和回避）和行动策略。在工作情境下，当领导者能够为员工提供及时的支持和反馈，鼓励他们进行探索，认可他们的自主性，并以一种"非干预"的领导方式与下属互动时，下属对领导容易形成一种特定的安全依恋关系。社会心理学的研究发现，安全依恋关系有利于个体对环境的探索，掌握新的信息，并在新颖、复杂和不确定的任务中有更多的好奇心。然而，在组织情境下，下属－领导安全依恋关系能否对员工的创造力产生影响目前还不明确。因此，本研究的第一个研究目的是在组织情境下探讨下属－领导安全依恋与员工创造力的关系。

然后，根据依恋理论和自我决定理论，安全依恋关系会提升个体的自主性和胜任感。在组织情境下，随着自主性和胜任感的提升，员工对工作会产生更高的和谐激情的体验（Chen、Liu、He，2015）。已有研究发现，和谐激情高的员工有更强的工作动机，在创造性活动中也会有更好的绩效（Liu、Chen、Yao，2011；宋亚辉等，2015）。因此，本研究将考察和谐激情是否为下属－领导安全依恋影响员工创造力的内在机制。

最后，基于依恋理论，在遇到困境、风险和不确定的环境中，个体更容易产生依恋需求（Mikulincer、Shaver，2007）。他们与领导者之间的交往有更多的可能性，安全依恋关系的高低在这样的情境下会产生更大的差异。同时，在不确定环境中，员工对领导者也会产生更多认同（Hogg、Adelman、Blagg，2009），他们对领导者的支持和回应会对他们产生更大的影响。因此，本研究将环境不确定作为一种边界条件。在高环境不确定的条件下，当下属－领导为安全依恋时，领导对员工提供及时的反馈、鼓励和支持，对他们创造力的正向激励作用可能更强。

总体来看，本研究以中国企业员工为研究对象，通过依恋理论的框架探讨了三个方面的问题。第一，下属－领导的安全依恋是否会促进下属在工作中的创造力？第二，为什么这种安全依恋能够有作用（中介机制）？第三，安全依恋在怎样的工作情境中可能更为重要（调节效应）？澄清以上这些问题在理论上可以使我们对组织中下属－领导安全依恋的影响效果以及员工创造力的形成机制有更清晰的认识。从管理实践来看，将更有助于组织对员工创造力的激励。

4.2 理论基础与研究假设

4.2.1 下属－领导安全依恋与下属创造力

在组织情境中，员工创造力被定义为个体产生新颖的想法、新的流程或者解决问题的新方法（Amabile、Herron，1996）。Woodman（1993）提出的创造力交互模型中，个体的创造力受到个人和情境因素的共同影响。而在组织情境中，领导者的行为及下属－领导关系被认为是影响创造力的重要情境因素。Amabile 等（2008）提出，领导者可以通过心理氛围、内部动机与创造性自我效能感等方面影响员工的创造力。

从安全依恋的功能来看，首先，安全依恋的领导能为下属提供及时的回应与支持，从而促进了下属的积极情绪（Kafetsios、Athanasiadou、Dimou，2014），营造了安全的心理氛围。根据情绪对创造力影响的双通道模型（De Dreu、Baas、Nijstad，2008），积极情绪会促进个体的认知灵活性，安全感能促进创造性活动中的持久性，从而引发更高水平的认知流畅性和独创性反应，提升了下属的创造性绩效。然后，安全依恋的领导在下属决策方面不会过度进行干预，鼓励下属根据兴趣选择工作方式，这有助于促进他们在工作中的内部动机，而内部动机被认为是创造力的重要决定因素。最后，当下属－领导为安全依恋关系时，他们之间更容易形成信任感（Frazier et al.，2015），有更多积极的互动，有助于下属完成岗位职责和任务，也进一步提高了他们在工作中的胜任感。在进行创造性活动时，他们也有更高的创造性自我效能。

虽然目前没有在组织情境下直接验证安全依恋与创造力关系的研究，但已有研究发现当领导提供基于安全依恋的支持行为时，会促进下属在工作中的主动性（Wu、Parker，2017）。此外，依恋会影响个体的探索行为。探索行为显然是创造力产生的前提条件，创造力包含了在环境中积极探索信息，从而产生新的想法（Min、Choi、Lee，2013）。对伴侣关系的研究发现，当伴侣具备安全依恋的功能（可得性、不干预、鼓励性）时，个体在探索活动中能坚持更长时间，焦虑感也更低（Feeney、Thrush，2010）。在 Van Vleet 和 Feeney 的另一项研究中，当伴侣在可得性方面得分越高，其配偶在随后的婚姻生活中会参与更多的探索性活动（Feeney、Vleet，2010）。另外，基于实验室的研究发现，当向被试呈现安全依恋对象时（内隐刺激），会显著提高个体在创造性问题解决中的表现（Mikulincer、Shaver、Rom，2011）。基于以上论述，本研究提出如下假设：

假设 4-1：下属－领导安全依恋会正向促进员工创造力。

4.2.2 和谐激情的中介作用

激情（passion）是指个体对所喜爱的、重要的、花费时间与精力的任务的一种强烈倾向或偏爱，属于一种情感性的动机（Vallerand，2003）。Vallerand（2003）以自我决定理论为基础，提出了激情的二元模型。他认为由于社会环境和个人因素，激情可以分为和谐激情（harmonious passion）与强迫激情（obsessive passion）两种类型。在组织工作情境下，和谐激情是个体对从事工作的外部动机转向自我认同的自主性内化过程，意味着他们是由于工作本身的特征（如工作非常有挑战性等）而自愿地选择参与这项任务。强迫激情则是个体不能自我控制，不得不参与工作任务的倾向，意味着个体是因为某种外部压力，使从事工作的外部动机转向身份认同的控制性内化（张剑等，2014）。已有的实证研究发现，在和谐激情的状态下，个体会经历更多的积极情绪，以及更少的消极情绪，同时有助于提升他们在工作中的绩效表现以及创造力。因此，本研究认为，和谐激情可能是下属－领导安全依恋与员工创造力之间的中介机制。

根据依恋理论以及自我决定理论，下属－领导安全依恋能有效促进员工在工作中的和谐激情。从和谐激情产生的条件来看，Chen 等（2015）认为当个体在完成任务的过程中感受到自主性、胜任感和自我认同时，会使他们体验到更高的和谐激情。例如，Mageau 等（2009）在情境实验中发现，当儿童在完成任务中有更多的自主选择权时，他们在任务过程中会体验到更多的和谐激情。在组织研究中，Liu 等（2011）也发现，当员工在工作中有高自主性倾向并且能得到来自组织的自主性支持时，和谐激情也更高。另外，Forest 等（2012）考察了个人在任务中的优势与和谐激情的关系，结果发现当完成任务的过程中突出了个人的优势时，他们对能力的需求（胜任感）会得到满足，有助于促进他们的和谐激情。而 Murnieks （2014）的研究证实了自我认同对核心激情的影响。当个体在与核心自我认同相关的人物中，会产生更多的和谐激情。

而当下属－领导为安全依恋关系时，能有效提升员工在工作中的自主性、胜任感和自我认同。领导者作为下属的安全依恋对象，处于“可得性”的状态，使员工能选择自己感兴趣的目标，因为他们对领导者的信赖，相信领导者是有效的资源，而不用过度担心遇到潜在的障碍或威胁。同时，由于安全依恋领导者的“不干涉”，下属在工作中会较少感受到外部控制行为，他们能够有更多的自主空间，根据自己的判断选择合适的工作方式，由此提高了他们的自主性（La Guardia et al.，2000）。另外，安全依恋的领导者会鼓励下属的成长，使下属常常感到自己在追求有价值的目标，从而提升个体的工作意义感（Sheldon、Elliot，1999），增加他们在工作中的“自我认同”（Lavy，2014）。当下属遇到困难时，安全依恋的领导者通过鼓励和支持的方式，使下属相信他们有能力达到自己的目标，克服困难并完成工作任务（Bandura，2001）。根据社会学习理论，这种“能做到”的信念本身就会提升他们在工作中的自我效能。当下属完成岗位职责时，也同时增强了自身在工作中的胜任感。根据以上推论，提出假设 4–2。

假设 4–2：下属 – 领导安全依恋会正向促进员工的和谐激情。

在工作情境的研究已经证实，和谐激情能有效促进员工的工作绩效，尤其是创造力。如 Vallerand 等（2007）和 Bonneville 等（2011）都发现，和谐激情对工作动机有积极的影响，而动机会影响个体的绩效。Forest 等（2011）调查了 439 名在加拿大工作的法语工作者，结果发现员工的激情和他们的精神健康、心流、精力以及情感承诺有关，并且自主性、胜任力和关联性在其中起部分中介作用。Liu 等（2011）的研究则直接探讨了和谐激情与创造力的关系。他们发现，和谐激情能有效促进工作中的创造力。并且，和谐激情在组织对自主性的支持对创造力的影响中起中介作用。尤其是对自主性倾向高的个体，来自组织的自主性支持能更有效地促进他们的和谐激情，进而提升他们的创造力。基于假设 4–1 和假设 4–2 的推导，和谐激情可能是下属 – 领导安全依恋与下属创造力之间的关键纽带。由此，提出假设 4–3。

假设 4–3：和谐激情在下属 – 领导的安全依恋对员工创造力的影响中起中介作用。

4.2.3　环境不确定的调节作用

下属 – 领导的安全依恋通过和谐激情影响下属创造力的这一机制有何边界条件呢？根据依恋理论，个体所处的外部环境的变化容易激发依恋系统（Mikulincer、Shaver，2007）。当外部环境处于高度不确定、充满困难或挑战时，个体更容易和依恋对象发生互动。在此情境中，依恋关系会影响个体的认知模式和情绪反应，最终影响他们的行为表现（Harms，2011）。基于此，本研究提出工作环境的不确定性将调节下属 – 领导安全依恋通过和谐激情对创造力产生的影响。

环境不确定是组织、团队以及员工面临的一种重要的外部情境特征，在这种工作情境下，组织、团队以及员工都处于动态变化的、不确定的状态（Colquitt et al.，2012）。当员工的工作环境处于高度不确定时，他们更容易产生焦虑和压力感（Colquitt et al.，2012）。根据依恋理论，他们在这样的状态中提升了依恋需求，增加了对领导者——他们在组织情境中的依恋对象的依赖性。当领导者为他们提供“安全港”和“安全基地”的功能时，能保护他们在工作中的激情，使他们能更好地参与到创造性活动中。同时，根据不确定认同理论（Hogg、Adelman、Blagg，2009），在高度不确定的工作环境中，员工对领导者的支持行为，对于和领导者之间的交往会更为敏感和积极。也就是说，在这种环境中领导者对他们的积极反应和照顾，对他们的影响更为强烈。相反，在环境不确定的情境下，员工可以更多地依靠自己来完成工作任务。这时他们和领导者之间的主动交流减少，下属和领导者之间安全依恋关系的作用就不那么凸显了。

由此，我们推测当环境不确定性越高时，下属－领导安全依恋对创造力的正向激励作用更强，并且这一调节作用通过和谐激情的中介作用实现。综上所述，本研究提出如下假设：

假设 4–4：环境不确定性会调节下属－领导安全依恋与下属创造力之间的正向关系，即当环境不确定性越高时，安全依恋对创造力的影响更强。

假设 4–5：环境不确定对下属－领导安全依恋与下属创造力之间关系的调节作用是通过和谐激情的中介作用实现。

本研究的理论模型如图 4–1 所示：

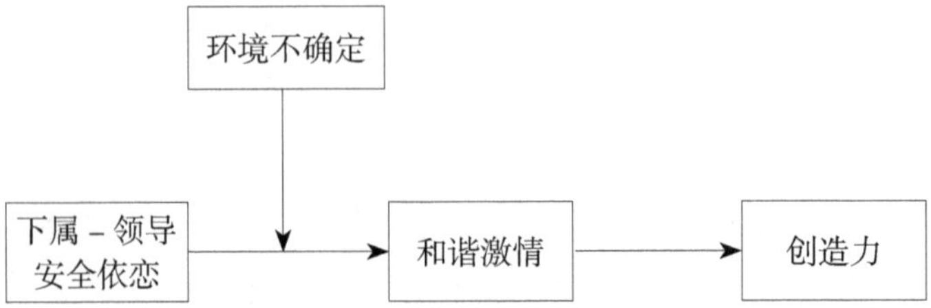

图 4–1　研究二模型图

4.3 研究方法

4.3.1 研究样本与数据收集

本研究通过华中地区两所高校的校友通信录向部分校友发出调查邀请函，由于邮件地址失效或被邮箱系统自动屏蔽，实际有效投递邮件 1684 封。调查邀请发出后三天内共有 457 名校友回复邮件同意加入本次调查（回复率 27.84%）。每名校友提供了其直属领导的邮箱地址，便于收集相关配套数据。研究人员通过问卷在线调查系统，分别向 457 名校友及其领导发送调查问卷。其中员工问卷包括：人口变量信息、下属－领导不安全依恋、和谐激情以及工作环境不确定。领导问卷包括：领导人口信息和领导对下属的创造力评价。457 名校友及 278 名直属领导完成了网上问卷填写（领导回复率为 60.83%）。剔除掉测谎题填写不合要求的（3 份）以及下属－领导共事时间少于一年的（12 份），最终共收集到 263 套有效数据（有效率 94.6%）。所有参与调查的校友及其领导各获得一份在线支付红包作为酬劳。263 名员工被试中，男性占 55.5%，平均年龄为 28.9 岁，平均工作时间为 6.48 年，本科学历占 64. 25%，研究生以上学历占 35.75%。月收入在 3000 ～ 5000 元的 23.7%，月收入在 5000 ～ 10000 元的有 57.4%，月收入在 10000 元以上的有 10.9%。263 名领导平均年龄为 37.53 岁，男性占大多数（71.5%），平均工作年限为 11.15 年，其中本科学历占大多数（69.62%）。员工与领导平均共事时间为 4.74 年。

4.3.2 测量工具

为确保测量的准确性，本研究中有关变量的测量（除本书所编制的依恋测量工具）都使用了已有研究中的成熟量表，除了人口统计学的控制变量（性别、年龄、工作年限、学历等），对主要变量的测量均采用了 Likert –7 点量表。并且为了保证测量工具的准确性，所有使用的英文文献中的量表都由高水平的中英双语者经过了翻译－回译对照的程序（Brislin，1980）。

（1）下属－领导安全依恋

下属－领导安全依恋的测量采用第三部分编制的下属－领导依恋关系中的安全依恋维度，如“我可以很坦诚地与领导讨论问题”。采用7点计分，从1（完全不同意）到7（完全同意）。在本研究中，量表的内部一致性α系数为0.89。

（2）和谐激情

和谐激情的测量采用Vallerand（2003）所编制的量表，共7个题项，如“这份工作让我有丰富的体验”。在本研究中，整体量表的内部一致性α系数为0.92。

（3）环境不确定

环境不确定性采用Colquitt等（2012）编制的量表，该量表共4个题项，如“工作中有很多不确定因素”。在本研究中，整体量表的内部一致性α系数为0.90。

（4）创造力

员工创造力的测量采用Farmer和Kung-Mcintyre（2003）编制的创造力量表，共4个题项，如“该员工会首先尝试新的想法或方案”“寻找新的途径来解决问题”。要求直接上级领导根据员工的实际工作情况进行回答，基于Likert-7点评分，从1（完全不同意）到7（完全同意）。在本研究中，量表的内部一致性α系数为0.86。

（5）控制变量

本研究选取了可能影响下属－领导依恋关系以及员工创造力的个体特

征变量，包括员工性别、年龄、受教育程度、工作年限以及与领导的共事时间等作为控制变量。

研究者对所收集的数据进行了探索性因子分析，共抽出了4个因子，总体方差解释量为72.86%，项目的分布与量表设计完全一致。同时，本研究中使用的量表的内部一致性系数均高于0.8，说明量表符合在中国组织情境下的运用。

4.4 研究结果

4.4.1 构念区分效度检验

为了检验员工问卷中所涉及变量的构念区分效度，运用LISREL8.70对所涉及的主要变量进行了验证性因子分析。从表4–1中可以看出，与另外四个模型相比，四因子模型拟合度最优，基本到了临界值的要求。说明研究假设中所涉及的变量具有良好的区分效度。

表4–1 验证性因子分析的结果

	χ^2	df	χ^2/df	*CFI*	*TLI*	*RMSEA*
单因素：SA+EU+HP+EC	1018.71	189	5.39	0.64	0.65	0.23
两因素：SA+EU+HP; EC	896.08	184	4.87	0.72	0.70	0.14
三因素：SA;EU; HP+EC	745.86	186	4.01	0.81	0.79	0.11
三因素：SA+HP; EU; EC	662.16	186	3.56	0.85	0.83	0.10
四因素：SA; EU; HP; EC	355.02	183	1.94	0.91	0.90	0.07

注：SA表示安全依恋；EU表示环境不确定；HP表示和谐激情；EC表示员工创造力；"+"表示合并。

4.4.2 变量的描述性统计分析

表4–2中描述了研究中各变量的均值、标准差和相关系数。从中可以看出下属－领导安全依恋与下属的和谐激情、创造力均有显著正相关（r=0.30，p<0.01；r=0.51，p<0.001）。和谐激情与创造力也有显著正相关

（r=0.44，p<0.001）。相关分析基本符合本研究的假设，因此可以进一步对变量间的关系进行检验。

表 4–2　各变量的均值、标准差及相关系数

	Mean	SD	1	2	3	4	5	6	7	8
1. 性别	1.46	0.50	–							
2. 年龄	28.9	5.20	–0.20**							
3. 学历	2.00	0.57	–0.18**	0.03						
4. 任职年限	6.48	5.25	–0.13*	0.72**	0.00					
5. 共事时间	4.74	3.19	–0.10	0.58**	0.03	0.65**				
6. 安全依恋	5.39	0.90	–0.08	0.00	0.14*	0.10	0.29**			
7. 和谐激情	5.40	0.68	–0.10	0.01	0.02	–0.02	0.13*	0.51***		
8. 环境不确定	4.81	0.92	0.06	–0.06	0.02	0.00	–0.08	–0.11	0.04	
9. 创造力	5.35	0.60	0.03	–0.08	0.06	–0.11	–0.03	0.30**	0.44***	–0.10

注：N=263。*、**、*** 分别表示 p< 0.05、p< 0.01、p<0.001（双尾检验），下同。

4.4.3　假设检验

本研究采用层级回归的方法对环境不确定的调节作用以及和谐激情的中介作用进行了分析。为避免共线性问题，对安全依恋、环境不确定以及和谐激情等变量都进行了中心化处理（Baron、Kenny，1981）。

根据 Aiken 和 West（1991）提出的有中介的调节模型的检验步骤，首先对环境不确定的调节作用进行了分析。表 4–3 中模型 1 ～ 3 描述了环境不确定调节作用的回归分析结果。第一步在回归模型中加入性别、年龄等控制变量。第二步在模型 2 中加入安全依恋和调节变量环境不确定。结果显示安全依恋显著预测和谐激情。假设 4–2 得以证实。第三步，在模型 3 中加入安全依恋和环境不确定的交互项，结果表明，环境不确定性对安全依恋与和谐激情之间的关系有显著的正向调节作用（β =0.15，p< 0.001）。

表 4–3　层级回归的分析结果

	因变量：和谐激情			因变量：创造力			
	模型 1	模型 2	模型 3	模型 4	模型 5	模型 6	模型 7
性别	–0.02	0.03	0.02	0.03	0.06	0.05	0.04
年龄	0.03	0.12	0.11	–0.03	0.01	0.01	–0.03

续表

	因变量：和谐激情			因变量：创造力			
	模型 1	模型 2	模型 3	模型 4	模型 5	模型 6	模型 7
学历	−0.04	−0.04	−0.04	−0.01	−0.01	−0.01	0.01
任职年限	0.09	0.00	−0.02	0.06	0.02	0.00	0.01
共事时间	0.05	0.00	0.00	0.02	−0.01	−0.01	−0.01
安全依恋		0.42***	0.45***		0.21***	0.23***	0.08
环境不确定		0.08	0.04		−0.05	−0.07*	−0.09*
安全依恋 × 环境不确定			0.15**			0.09*	0.04
和谐激情							0.34***
R^2	0.06	0.33	0.37	0.02	0.11	0.13	0.20
ΔR^2	0.06	0.27	0.04	0.02	0.09	0.02	0.07
F	3.02**	17.39***	17.71***	1.00	4.59***	7.99***	6.94***

第四步，根据 Aiken 和 West（1991）提供的方法进行简单斜率分析。结果表明，在高环境不确定的条件下（高于均值一个标准差），安全依恋对和谐激情的正向影响显著（simple slop=0.60，p<0.001）。而在低环境不确定条件下（低于均值一个标准差），安全依恋对和谐激情的正向影响也显著（simple slop=0.27，p<0.001），但是影响的斜率小于高环境不确定的条件。具体如图 4-2 所示。这表明安全依恋在高环境不确定条件下对和谐激情的影响更强。

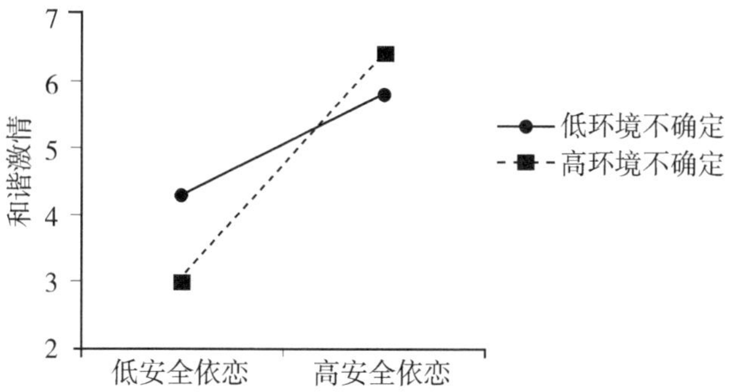

图 4-2　环境不确定对安全依恋－和谐激情的调节作用

模型 4 ～ 6 中，以创造力为因变量，发现环境不确定对下属 – 领导安全依恋和创造力关系的调节作用显著（β =0.09，p< 0.05）。同样根据 Aiken 和 West（1991）提供的方法进行了简单斜率分析。结果表明，在高环境不确定的条件下（高于均值一个标准差），安全依恋对创造力的正向影响显著（simple slop=0.31，p<0.001）。而在低环境不确定条件下（低于均值一个标准差），安全依恋对创造力的正向影响也显著（simple slop=0.12，p<0.05），但是影响的斜率小于高环境不确定的条件。具体如图 4–3 所示。这表明安全依恋在高环境不确定条件下对创造力的影响更强。

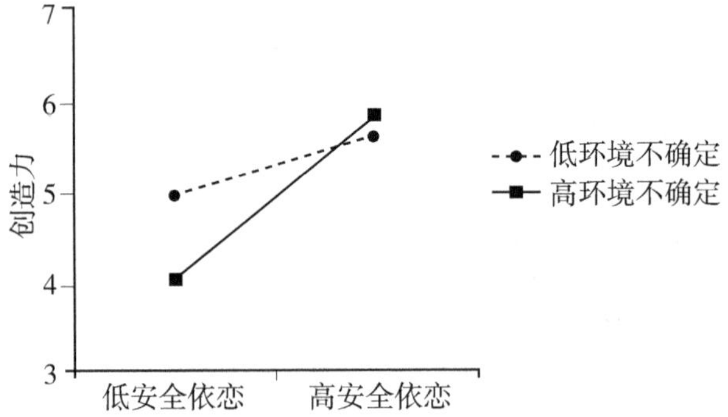

图 4–3　环境不确定对安全依恋 – 创造力的调节作用

最后在模型 7 中加入和谐激情，检验其中介效应。结果显示，和谐激情在安全依恋以及安全依恋和环境不确定交互项对创造力的影响中起中介作用。假设 4–5 得以验证。

（4）被调节的中介效应分析

根据研究假设，在高环境不确定的条件下，下属 – 领导安全依恋通过和谐激情对员工创造力有更强的间接影响效应，因此本研究根据 Edwards 和 Lambert（2007）的调节效应路径分析方法来进一步检验这一假设。使用拔靴法（Bootstrap Method）计算直接效应、间接效应、总效应和差异的显著性。以本研究中的 263 个样本作为原始样本，将重复抽样的次数设置为 5000 次，从原始样本中随机抽取 263 个样本共抽得 5000 组样本，由此计算出直接效应、间接效应和总效应的估计值。根据 Hayes （2013）基于有调节的中介模型编写的 PROCESS 程序，运用 SPSS 软件计算了有调节中介效应的直接效应、间接效应和总效应值，结果如表 4–4 所示。

表 4–4 调节效应的路径分析结果

	安全依恋（X）→和谐激情（M）→创造力（Y）				
调节变量	阶段		效应		
	阶段 1	阶段 2	直接效应	间接效应	总效应
低环境不确定（–1SD）	0.31*** [0.21，0.41]	0.36*** [0.19，0.53]	0.04 [–0.06，0.15]	0.11** [0.06，0.17]	0.15** [0，0.25]
高环境不确定（+1SD）	0.59*** [0.46，0.71]	0.43*** [0.28，0.57]	0.11 [–0.03，0.24]	0.20** [0.11，0.33]	0.31** [0.08，0.57]
差异	0.28*** [0.25，0.30]	0.07* [0.04，0.09]	0.07* [0.03，0.09]	0.09** [0.05，0.16]	0.16** [0.18，0.32]

采用调节的路径分析方法来进一步检验本研究的假设（Edwards、Lambert，2007）。表 4–4 中的统计结果表明，第一阶段的调节效应成立，即在不同的环境条件下，安全依恋对和谐激情的影响有显著的差异（b = 0.31，95% CI =[0.21，0.41]，不包括 0）。进一步分析发现，在高环境不确定条件下，安全依恋对创造力的间接效应为显著的正值（b = 0.20，95% CI =[0.11，0.33]，不包括 0），在低环境不确定条件下，安全依恋对创造力的间接效应也为显著的正值（b = 0.11，95% CI =[0.05，0.15]，不包括 0）。在不同的环境不确定条件下，间接效应的差值达到了显著水平（Δ= 0.09，95% CI =[0.05，0.16]，不包括 0）。由此，进一步证实了环境不确定的调节作用。

表 4–5 分别检验了和谐激情在安全依恋对创造力作用中的中介效应，以及安全依恋与环境不确定的交互项通过和谐激情的中介作用，进而对员工创造力产生影响。结果发现，和谐激情在这一路径中所起的中介效应为 0.13，95%CI = [0.08，0.19]，不包括 0，假设 4–3 得以验证。假设 4–5 是考察和谐激情在安全依恋与环境不确定的交互项与创造力之间的中介作用。统计结果显示，中介效应为 0.06，95%CI = [0.02，0.12]，不包括 0，假设 4–5 进一步得到了本次数据的支持。

表 4–5　被调节的中介效应分析结果

路径	效应值	置信区间
安全依恋→和谐激情→创造力	0.13***	[0.08，0.19]
安全依恋 × 环境不确定→和谐激情→创造力	0.06**	[0.02，0.12]

4.5　讨论

基于依恋理论的视角，本研究旨在探讨组织情境中下属－领导安全依恋对下属创造力的影响及其机制问题。研究结果表明，下属－领导安全依恋通过促进下属的和谐激情，对创造力产生显著的正向影响。环境不确定正向调节安全依恋对创造力的促进作用。环境不确定性越高，安全依恋对创造力的积极影响作用越强。以上研究结果对相关理论的发展具有重要的启示作用。

4.5.1　理论意义

虽然已有研究者提出从依恋理论的视角进行领导力研究，但是目前为止在组织行为学领域进行的实证研究还非常有限（Yip、Ehrhardt、Black，2016），而对员工绩效影响的研究则更为稀少（Wu、Parker，2014）。本研究运用实证的方法，从依恋理论的视角将下属－领导依恋关系和员工在组织中的创造力联系起来，发现下属－领导之间的安全依恋将促进下属在工作情境的创造力，这一研究成果将成人依恋与探索性行为的关系拓展到了组织情境下，也为依恋理论在组织情境下的应用提供了有力支持。

第一，从依恋关系视角，本研究发现了下属－领导之间的安全依恋对员工创造力的影响，更深入地认识了下属－领导互动关系如何影响员工的创造力。依恋理论的核心在于当个体产生依恋需求时，依恋对象为个体提供“安全港”和“安全基地”（Mikulincer、Shaver，2010），从而促进个体在环境中的探索活动。当下属对领导产生安全依恋时，领导以“可得性”“不干预”和“鼓励”的方式，为下属提供“安全基地”，下属能更投入地从事创造性工作，从而产生更高的创造性绩效。由此，我们可以更清晰地理解下属－领导关系在影响创造力方面的核心内容。

第二，本研究发现了下属的和谐激情在下属－领导安全依恋对创造力影响过程中的中介作用。Lavy（2014）的研究发现，安全依恋能提升个体在工作中的意义感，进而促进员工的工作绩效。本书在中国组织情境下的研究结果与其发现一致。从安全依恋的功能来看，安全依恋能提升个体的自我决定和自我效能，并保护个体的内部动机。这正是和谐激情的重要内涵。根据自我决定理论，个体在更高的和谐激情的状态下，能更积极地投入到创造性工作中，并产生更多的创造力（Liu、Chen、Yao，2011）。

第三，从依恋产生的情境来看，本研究考察了环境不确定作为下属－领导安全依恋影响员工创造力的边界条件。尽管从理论来看，个体在不确定环境中更容易产生依恋需求（Mikulincer、Shaver，2007），但在以往的研究中，对下属－领导依恋关系发生作用的具体情境没有进行直接验证。本研究则在组织情境中发现了环境不确定这一具体的情境条件。并且从不确定认同理论的角度（Hogg、Adelman、Blagg，2009），发现当工作环境的不确定性越高时，员工越容易对领导者产生认同，由此也会提高他们对领导者支持、互动行为的敏感性。不过本研究没有探讨个体差异的边界条件，即在这种情境中，哪些员工更容易受到安全依恋关系的影响。在未来的研究中，可以考虑个体文化价值观、人格特质等差异（Game，2015），更深入了解安全依恋关系在不确定的环境下对哪些群体更为有效。

4.5.2 实践意义

本研究的相关结论也可以为组织管理实践提供一些有意义的启示和建议。

第一，本研究证实了在工作情境中，领导可以作为下属的依恋对象，并影响下属的创造力。根据依恋理论，当员工遇到困难情境或感觉到环境不确定时，这种依恋需求更容易被激活。如果领导能及时识别员工的心理需求，积极给予回应和支持，就能为下属提供一种“安全基地”的心理作用。这种安全基地将有助于下属提升自我效能，开展探索活动，更充分地利用外部信息和资源，从而推进他们在工作中的创新绩效。

第二，和谐激情是一种有益于员工工作状态的情感性动机，也是促进创造力的一个重要因素。因此，有效识别并提供有助于增强和谐激情的情境条件和管理措施是企业管理者的一项重要任务。本研究的结果表明，下属的和谐激情在下属－领导安全依恋与创造力之间起到了关键的中介作用。下属－领导安全依恋有利于增强下属的和谐激情，进而提高工作中的创造力。这表明，在领导行为中，有意识地促进下属－领导之间的安全依恋，如对下属的需求给予及时回应、减少在工作中的干预行为、鼓励下属的探索与尝试，将能更好地提高下属在工作中的和谐激情，从而改善他们的工作绩效。

第三，本研究发现，环境不确定显著调节了下属－领导安全依恋与创造力之间的关系。在高环境不确定的条件下受安全依恋的影响更大。这提示管理者，需要结合组织的工作环境，注重处理领导者和下属之间的关系。当组织所处的行业不确定性较高时，或当团队面临一个不确定程度高的任务时，领导者应给予下属更多的支持与鼓励，加强与下属之间的情感联结，增强员工内心安全感，提高他们的自我价值和工作意义感，从而促进员工在创造性工作中的绩效。

4.5.3 研究的局限与展望

尽管本研究取得了一些有价值的研究成果，但由于一些客观原因的限制，一些潜在的问题还有待于未来的研究进行深入探讨。

其一，本研究的假设模型为下属－领导安全依恋能通过和谐激情促进下属的创造力。但基于横断研究设计无法严格推断变量间的因果关系，未来的研究可以采用纵向研究的方法进行因果验证。

其二，本研究仅考察了环境不确定性在安全依恋与创造力之间的调节作用。根据已有的依恋研究，文化也是影响依恋关系效果的重要影响因素。未来的研究中，可以考察中国文化背景中的文化特征变量，如个人集体主义、权力距离等，以进一步澄清下属－领导安全依恋对员工创造力影响的边界条件。

其三，下属 – 领导安全依恋关系是一种下属和领导之间积极联结的情感状态，但是在具体的组织情境下，领导者如何行动能促进这种状态的形成，本研究还未能探讨。因此，未来的研究需要考虑下属 – 领导安全依恋的前因变量，尤其是管理措施，使得安全依恋的理念更有可操作性。

4.6　本章小结

本章在对下属 – 领导安全依恋和创造力关系进行分析的基础上，基于依恋理论和自我决定理论提出了相关的研究假设。通过对 263 名校友及其直属上级的问卷调查，研究发现下属 – 领导安全依恋通过和谐激情的中介作用对员工的创造力有积极的影响；环境不确定调节了下属 – 领导安全依恋与创造力之间的正向关系，环境不确定越高，下属 – 领导安全依恋对创造力的影响越强；和谐激情在上述交互作用对创造力的影响中起中介作用。

5　下属－领导不安全依恋对员工创造力的影响

5.1　问题提出

尽管在已有研究中，大部分都支持高质量的领导－员工关系对员工创造力的促进作用。然而近年来，越来越多的研究者开始关注团队中领导－下属关系的差异化（Liao、Liu、Loi，2010）以及消极的领导－下属关系对员工创造力的影响（Harms、Han，2016）。一方面，由于随着企业之间竞争加剧，员工流动性加快，使得领导员工关系的稳定性与和谐性降低（Zhang、Lam、Deng，2016）。另一方面，由于考核制度的盛行，领导和员工都面临更大的工作压力，组织内领导者的破坏性行为也变得更多（Liu、Liao、Loi，2012），他们无法满足所有员工的需求。因此，消极的领导员工关系对创造力的影响及其作用机制值得关注。

以依恋理论为框架，本研究考察了两种消极的领导员工关系——下属－领导焦虑依恋和下属－领导回避依恋——对员工创造力的影响。这两种关系都是由于领导在与下属的交往过程中未能及时回应和满足员工的依恋需求而形成的不安全依恋关系。当下属对领导形成焦虑依恋时，他们往往在与领导交往关系中有较低的自我价值感（Srivastava、Beer，2005），对关系呈现出更多矛盾和焦虑的态度。当下属对领导形成回避依恋关系时，他们倾向于认为领导是不值得信赖的。在与领导的交往中，他们很难主动和领导联系或靠近，更多以“自立”的方式来独立处理情境中的困难（Game，2011）。

根据依恋理论，安全依恋关系是个体从事探索性活动的基础，而不安全依恋关系则被认为对探索性行为和创造力有消极影响。然而已有的基于实验室的研究和在组织情境下的研究得到了不一致的结果。一方面，在实验研究中，焦虑依恋和回避依恋关系都被认为对创造力有消极影响；另一方面，在组织情境下对焦虑依恋和创造力关系的研究则没有发现显著影响。这种研究结果的不一致意味着这两种关系之间存在边界条件或是一种曲线关系（Lam et al.，2015）。从创造力的双通道模型（Baas、De Dreu、Nijstad，2008）来看，处于消极关系中的个体可能因为其情绪和认知状态的激活，而能够在创造性任务中更为“坚持”。由此通过“持续性通道”达到创造力（De Dreu、Baas、Nijstad，2012；Nijstad et al.，2010）。因此，为了更全面地理解下属－领导不安全依恋关系对员工创造力的影响及其作用机制，本研究通过创造力双通道模型分析员工在消极关系中如何影响其创造性绩效。这是本研究拟解决的第一个问题。

以往的研究都未曾涉及不安全依恋关系对创造力影响的机制问题。Shalley（1995）认为，在创造性活动过程中，个体需要投入到问题识别、信息搜集等一系列的创造性任务中，才能实现创造力。基于创造力的双通道模型的观点，处于消极关系中的员工更有可能通过持续性通道实现创造力。因此，当员工持续性从事创造性工作以实现创造力时，他们必然在这些创造性活动过程中有更多的投入（Zhang、Bartol，2010）。由此，本研究拟解决的第二个研究问题是考察创造性投入在下属－领导不安全依恋影响创造力的关系中所起的中介作用。

根据以往的研究，工作特征会调节领导员工关系对其创造力的影响（Zhou、Hoever，2014）。Rokes（2012）从创造力的双通道模型和资源保存理论的角度出发，提出环境中对创新的需求会抵消个体在“持续性通道”中的资源消耗。因此，当工作环境中对员工创造力有明确要求时，可能也会有助于他们在创造性活动中的投入和坚持。为了探讨下属－领导不安全依恋对员工创造力影响的边界条件，本研究拟解决的第三个研究问题是考察工作创新要求在下属－领导不安全依恋通过创造性投入而影响创造力的关系中所起的调节作用。

最后，本研究选取了中国本土企业的员工验证上述研究假设。由于中国被认为是高权力距离、集体主义文化的国家，员工在工作中非常重视与领导之间的关系。并且中国组织内的领导者被认为具有家长式的领导风格，下属对领导也更容易形成焦虑依恋。因此，本研究的取样背景将适合于探讨下属－领导不安全依恋与员工创造力之间的关系。

5.2 理论基础与研究假设

5.2.1 下属－领导焦虑依恋与创造力

当下属与领导之间为焦虑依恋关系时，他们往往对自身有一种“消极自我”的内部表征，很在意领导对他们的看法，在关系中对自我价值感评价较低（Srivastava、Beer，2005）。他们会通过持续的努力获得领导的关注，维系与领导之间的人际关系。当他们的需求在与领导交往过程中没有得到及时的反馈和满足时，他们对关系呈现出更多矛盾和焦虑的态度。为了解决这种需求－现实不一致的矛盾，他们会倾向于采用一种过激（hyperactivating）的策略，从而向领导传递他们需要被关注的信号（Mikulincer、Shaver，2007）。这种过激的策略包括不断增加和领导之间的沟通渠道，不断接近领导，减少与领导之间的距离，从而赢得领导的关注与反馈。由于焦虑依恋的个体通常在工作中处于消极和矛盾的情绪状态（Game、West、Thomas，2016；Ronen、Mikulincer，2009），并且他们对探索行为的兴趣更弱（Green、Campbell，2000），因此一些研究者认为焦虑依恋对创造力有消极影响（Mikulincer、Sheffi，2000）。

但是在以往的实证研究中，焦虑依恋和个体创造力的研究结果并不一致。一方面，焦虑依恋高的个体在实验室条件下完成创造性任务时表现较差（Coy、Green、Davis，2012）；另一方面，在使用量表对探索行为或创造力进行评估的研究中，焦虑依恋和创造力的关系并不显著（Wu、Yang，2012；路璐，2014）。有研究者认为，在实验室中创造性解决问题并不一定等同于现实组织情境中员工表现出来的创造力（周浩、龙立荣，2011）。实验室中创造性解决问题的任务往往有时间限制，也与个体的创造性思维能力有关。而在组织情境下，创造力还取决于个体从事创造性活动的动机（Hennessey、Amabile，2010）以及个体创造性投入的程度（Zhang、Bartol，2010）。因此，上述研究结果的不一致意味着下属－领导焦虑依恋对员工创造力的影响存在边界条件或是一种曲线关系（Lam et al.，2015）。

基于创造力的双通道模型（DPCM）（Baas、De Dreu、Nijstad，2008），本研究提出下属－领导焦虑依恋对员工创造力的影响可能呈曲线关系（倒U型）。Baas等（2008）基于情绪的环形理论视角，指出个体的情绪或所处的状态除了有愉悦度，还有唤醒度。愉悦度是指个体体验到的积极或消极的情绪状态，而唤醒度则是指情绪的极端化程度（从一个极端，到适应水平，再到另一个极端）。Baas等（2008）在DPCM模型中提出，当情绪/状态达到一定的激活程度时（唤醒度），积极情绪/状态和消极情绪/状态都可以促进个体的创造力。正如工作中的压力和绩效呈曲线关系一样，情绪适度的激活和唤醒，能提升认知灵活性和持续性。一方面，适度激活会提高任务参与度和工作动机（Dietrich，2004；Gardner、Cummings，1988）；另一方面，从生理的角度，适度的认知激活会释放前额叶的神经递质，如多巴胺和去肾上腺素，这将提高个体一系列的认知功能，包括工作记忆、认知灵活性和注意力等（Dreisbach、Goschke，2004）。

同时，Baas等（2008）认为不同的情绪/状态对创造力的影响可能基于不同的路径。而个体可以通过两条不同的通道来实现创造性绩效。第一条通道强调认知灵活性思考和发散性思维的过程。第二条通道强调分析性和系统性思维的坚持，逐渐累积创造力的可能性。根据DPCM模型，当积极情绪/状态达到激活水平时，会通过认知灵活性通道提高创造力。而消极情绪/状态达到激活水平时，可以通过持续性通道促进创造力（De Dreu、Baas、Nijstad，2012）。一些实证研究也证实了DPCM模型。如Baer和Oldham（2006）发现在一定的时间压力下，员工反而能有更好的创造性绩效。周浩和龙立荣（2011）的研究也证实，工作不安全感对员工的创造力有"倒U型"的影响，适度的工作不安全感会提高个体的内部动机，并对创造力有积极影响。Byron等（2010）对压力和个体创造力的关系进行元分析后提出，个体所面对外界的社会评价的威胁和他们的创造力之间为"倒U型"关系。他们的研究发现，一定程度的评价压力有助于促进个体的创造力，但是过高或过低的评价压力都会抑制创造力。

因此，基于DPCM模型，尽管焦虑依恋的员工有较多的消极情绪和矛盾情感，并且容易出现过激的情绪和行为策略，但情绪唤醒和矛盾情感也有助于他们在创造性活动中的认知激活（Baas、De Dreu、Nijstad，2011；Fong，2006）。另外，焦虑依恋的员工在团队中参与创造性任务时，可能会感知到更多的竞争和压力感。由于他们在人际关系中，更渴望得到领导认可，因此会表现得更为专注和投入，更主动地寻求他人的帮助（Wu、Parker、De Jong，2014）。从DPCM来看，这样的员工通过认知的持续性通道也会提高他们在团队中的创造性绩效。但是，当下属－领导焦虑依恋水平过高时，可能会导致他们过于专注自己在领导面前的表现，这样反而会影响他们全身心地投入到创造性任务中，引起创造性绩效下降。另外在De Dreu等（2012）看来，通过持续性通道所达到的创造力高度也较为有限。因此，下属－领导焦虑依恋水平可能在中等程度时有最高的创造力。由此提出假设5-1：

假设5-1：下属－领导焦虑依恋对员工创造力有"倒U型"影响。

5.2.2 下属－领导回避依恋与创造力

根据依恋理论，当下属与领导之间为回避依恋关系时，他们往往对领导有一种"消极他人"的内部表征，这使得他们倾向于认为领导是不值得信赖的。高回避依恋的员工在与领导的交往中，会认为即使和领导联系或靠近，也只会被拒绝而得不到任何帮助。在工作情景中，回避依恋的员工在面对困难、挑战和威胁时，他们会采取“去激活（deactivation）”的策略，抑制“消极情绪”，以“自立”的方式来独立处理情境中的困难（Game，2011）。

下属对领导的回避依恋容易使他们在团队中处于“圈外人”的地位（Hou、Stuhlman、Meng，2016）。一方面，他们无法通过领导获得相关的工作经验和技能，根据 DPCM 模型，这使他们很难从认知灵活性通道实现创造力（Nijstad et al.，2010）；另一方面，由于他们在与领导相关的工作情境中采取“去激活”的策略，抑制自己的情绪感受，由此也会降低他们的认知激活，由此，他们也很难通过持续性通道达到创造力（Baas，De Dreu & Nijstad，2011）。因此，在组织情境中对领导回避依恋越高的员工，他们的创造性绩效也会越低。

从相关的实证研究来看，回避依恋的个体在创造性问题解决任务中通常表现较差（Mikulincer、Shaver、Rom，2011）。另外，在组织情境中的研究也发现，下属对领导者的回避依恋会抑制他们在组织内部主动进行职业发展活动（Crawshaw、Game，2010；Crawshaw、Game，2014），同时对他们在组织中的额外努力行为有消极影响（Molero、Moriano、Shaver，2013）。由此提出假设 5–2：

假设 5–2：下属领导 – 回避依恋对员工创造力有消极影响。

5.2.3　创造性投入的中介效应

在实现创造力的工作中，个体必须完成创造性活动中的一些基本任务，包括问题识别、搜索环境信息、整合资料、提出解决方案并进行评估、最后实施解决方案等（Shalley，1995）。员工在这些创造性过程中的投入程度决定了他们达到的创造力的高度（Baer、Oldham，2006）。如果员工无法完全投入于创造性任务，他们可能没有进行详细的信息搜集、资料整合，或对解决方案进行完整的评估等，这些都可能使他们最终只能达到较低水平的创造力（Shalley，1995）。因此，创造性投入过程是员工实现创造力的有效保障（Zhang、Bartol，2010）。

因此，基于 DPCM 模型（Baas et al.，2013），处于焦虑依恋关系中的员工其情绪和状态的激活水平较高，他们通过投入更多时间和精力到工作中，以提升在领导面前的自我价值感，得到领导的认可。由此，他们会更专注于问题识别、搜索环境信息、整合资料、提出并实施解决方案等创造性过程。通过创造性投入，他们也能实现较高水平的创造力。

而对于回避依恋的下属，由于他们采取消极和抑制的策略，他们在工作中的情绪和状态的激活水平都较低。这会降低他们的精力和热情进行问题识别、资料搜集等创造性过程中。随着他们的创造性投入的减少，回避依恋高的员工能达到的创造力水平也会更为有限。由此提出假设 5–3 和假设 5–4。

假设 5–3：创造性投入在下属 – 领导焦虑依恋对创造力的“倒 U 型”影响中起中介作用。

假设 5–4：创造性投入在下属 – 领导回避依恋对创造力的影响中起中介作用。

5.2.4 工作创新要求的调节效应

基于 DPCM 模型，Baas 等（2013）提出，个体在消极或回避状态下通过持续性通道实现创造力需要有一些前提条件，例如有足够的任务时间、个体有可以完成创造性任务的认知资源等。因此，相对于创造力的认知通道，持续性通道需要个体有更多的时间、精力与其他资源的投入。于是，通常大多数人很难在创造性活动中通过持续性通道获得成功（Evans，2003）。从资源保存理论来看，个体的时间、精力和其他资源都是有限的（Tooby、Cosmides，1990），只有当外部活动提供了足够的诱因，超过了个体在持续性通道上的资源消耗，他们才可能坚持下去，进而达到创造力。Roskes 等（2012）通过实验研究发现，当产生了实现创造性目标的需求时，处于消极或回避状态的个体会投入创造性的工作，并通过持续性通道提高其创造性绩效。

由此，本研究提出工作创新需求会调节下属－领导不安全依恋对创造性投入的影响。在组织情境中，当员工所处的工作岗位面临更多的创新要求时，将对他们产生从事创造性活动的诱因，他们需要产生更多的创造性绩效来满足企业对自己的考核，满足在企业中的自尊感，同时获得更多企业根据员工的创造性绩效给予的荣誉或外部奖励（Zhang et al.，2015）。这些将抵消他们在创造性活动的持续性通道上投入的时间和精力等成本，他们也更有可能通过在创造性活动中的专注与坚持实现创造力。

对于下属－领导焦虑依恋高的员工而言，由于他们渴望在领导面前获得价值感，他们也会专注于领导所看重的业绩指标。当工作创新要求高时，他们会更努力地去达到要求。由此，将会增加他们在创造性活动中的努力程度。

对于下属－领导回避依恋高的员工而言，虽然他们并没有想要在领导面前证明自己的能力，但是根据以往的研究会发现，他们疏远与领导的关系后容易转向工作本身（Dahling、Librizzi，2015）。因此，高工作创新要求也会促进这些员工在创造性活动中的投入，从而减少由于和领导疏远带来的资源不足的消极影响。综上所述，本研究提出如下假设：

假设 5–5：工作创新要求会正向调节下属－领导焦虑依恋对创造性投入的“倒 U 型”影响，当工作创新要求越高时，这种影响越强。

假设 5–6：工作创新要求会负向调节下属－领导回避依恋对创造性投入的消极影响，当工作创新要求越高时，下属－领导回避依恋对创造性投入的消极影响会越弱。

结合上述假设，本研究认为，工作创新要求会分别调节创造性投入在下属－领导焦虑依恋平方和回避依恋与员工创造力之间的间接作用，即有调节的中介效应。具体而言，在高工作创新要求的条件下，下属－领导焦虑依恋平方对创造性投入的影响更强，进而影响员工创造力。同时，在高工作创新要求的条件下，回避依恋对创造性投入的影响被减弱，并进一步影响员工创造力。基于以上论述，提出假设 5-7 和假设 5-8。

假设 5-7：工作创新要求会调节焦虑依恋平方通过创造性投入对创造力的间接影响，工作创新要求越高，这一间接作用越显著。

假设 5-8：工作创新要求会调节回避依恋通过创造性投入对创造力的间接影响，工作创新要求越高，这一间接影响越显著。

综合以上的分析和理论推导，本研究的理论模型如图 5-1 所示：

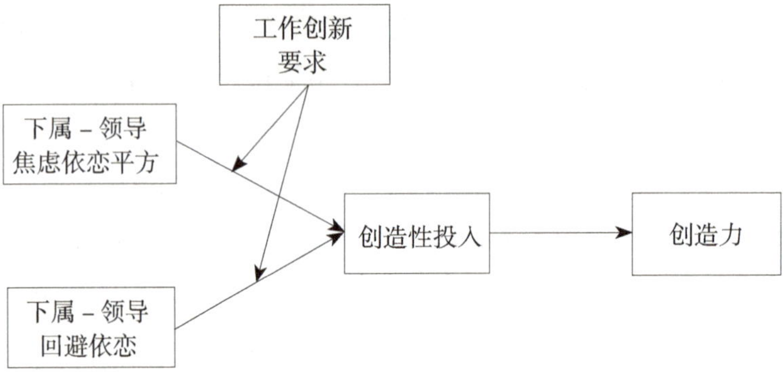

图 5-1 研究三模型图

5.3 研究方法

5.3.1 研究样本与数据收集

此次调查研究的样本来自北京、武汉、广州、贵阳、上海等地的 16 家企业和事业单位，涉及 IT、通信、房地产、设备制造、教育、银行等多个行业。为了避免共同方法偏差可能对研究结果产生的影响，本研究分三个时间点分别从员工及其直属领导处收集数据。

首先，研究者通过 16 家企业的企业主或人事主管获得 512 名员工及其直属领导的邮箱地址。在正式调查开始前，由该企业的企业主或人事主管告知员工即将通过网络开展一项调查研究，请员工及其主管予以配合。在第一阶段，研究者根据人事主管或企业主提供的员工邮箱地址，寄出了 512 份员工问卷，共有 427 名员工通过邮件内的链接地址完成了在线调查问卷。第一次回收率为 83.40%。第一次调查中，收集了员工的人口统计信息，并由下属完成了“下属－领导回避依恋”“下属－领导焦虑依恋”和“工作创新要求”三个量表。在四周以后，研究者向 412 名员工的邮箱发出了第二次调查问卷，共有 367 名员工完成了邮件内的问卷调查。第二次回收率为 89.08%。第二次调查中，要求员工评价其最近一个月的“创造性投入”。再次间隔四周后，根据各企业提供的主管的邮件信息，研究者向 367 名员工的 153 名直属领导发出调查问卷，共收到 126 名直属领导对 329 名员工的评价。第三次回收率为 82.35%。在第三次调查中，要求领导对下属员工近期在日常工作中的“创造力”进行评价。所有在线调查完成后，剔除在线填写过程中答题不认真（测谎题不合格、反应倾向过于一致或填写时间小于 2 个标准差）和无法配对的问卷，最终得到 315 名员工与 118 名直属领导的数据。平均每个领导评价 3.7 名员工。

315 名被试员工中，男性占 48.53%，平均年龄为 29.75 岁，平均工作时间为 5.19 年，大专学历占 13.3%，本科学历占 74%，研究生以上学历占 12.7%。月收入在 3000 元以内的为 4.7%，3000 ～ 5000 元的 24.8%，月收入在 5000 ～ 10000 元的有 53.3%，月收入在 10000 元以上的有 17.8%。普通员工占 49.1%，基层主管为 34.6%，中层主管为 12.7%，高级管理人员 3.6%。118 名领导平均年龄为 37.85 岁，男性占大多数（67.5%），平均工作年限为 10.85 年，其中本科学历占大多数（69.62%）。员工与领导平均共事时间为 4.75 年。

5.3.2 测量工具

在本研究中，除了人口统计学的控制变量（性别、年龄、工作年限、学历等）外，对主要变量的测量均采用了 Likert –7 点量表，从 1（完全不同意）到 7（完全同意）对题项描述进行评价。并且为了保证测量工具的准确性，所有使用的英文文献中的量表都由高水平的中英双语者经过了翻译－回译对照的程序（Brislin，1980）。

（1）下属－领导回避依恋

下属－领导焦虑依恋的测量采用第3章所开发的下属－领导依恋关系量表中的回避依恋分量表，共6个题项，典型题项如“我尽量不去向领导寻求帮助或建议”。在本研究中，整体量表的内部一致性 α 系数为0.91。

（2）下属－领导焦虑依恋

下属－领导焦虑依恋的测量采用第3章所开发的下属－领导依恋关系量表中的焦虑依恋分量表，共6个题项，典型题项如“我担心在领导眼中我比不上其他同事”。在本研究中，整体量表的内部一致性 α 系数为0.89。

（3）创造性投入

创造性过程投入的测量部分采用了Zhang等（2010）编制的创造性过程投入量表，共包含3个题项，如“我从多角度思考问题”。在本研究中，整体量表的内部一致性 α 系数为0.92。

（4）工作创新要求

工作创新要求的测量部分采用了Yuan和Woodman（2010）编制的量表，包括3个题项，如“我的工作职责包含寻找新技术和方法”。在本研究中，量表的内部一致性 α 系数为0.86。

（5）创造力

员工创造力的测量采用Farmer和Kung-Mcintyre（2003）编制的创造力量表，共4个题项，如“该员工会首先尝试新的想法或方案”“寻找新的途径来解决问题”。要求直接上级领导根据员工的实际工作情况进行回答。在本研究中，量表的内部一致性 α 系数为0.86。

5.3.3 统计分析

本研究采用SPSS22.0和LISREL8.70软件进行了统计分析和假设检验。

第一步，使用 LISREL8.70，对问卷变量的区分效度进行验证性因子分析。第二步，运用 SPSS22.0 对各变量的均值、标准差以及相关系数进行描述统计分析。第三步，参考研究者常用的有中介调节作用的检验程序，采用分层回归模型对调节变量以及中介变量进行了检验。

5.4 研究结果

5.4.1 构念区分效度检验

为了检验研究中所涉及变量的构念区分效度，采用 LISREL8.70 对所涉及的主要变量进行了验证性因子分析。从表 5–1 中可以看出，与另外几个备选模型相比，五因子模型拟合度最优，基本到了临界值的要求（侯杰泰、温忠麟、成子娟，2004），明显优于其他模型的拟合指标。说明研究假设中所涉及的变量具有良好的区分效度。

表 5–1 验证性因子分析结果

	χ^2	df	χ^2/df	*CFI*	*TLI*	*RMSEA*
单因子模型	1168.96	208	5.62	0.43	0.41	0.32
三因子模型	999.1	206	4.85	0.60	0.56	0.27
四因子模型	826.21	203	4.07	0.77	0.74	0.16
五因子模型	604.96	199	3.04	0.89	0.89	0.10

注：*N*=315。

单因子模型：焦虑依恋 + 回避依恋 + 工作创新要求 + 创造性投入 + 创造力；

三因子模型：焦虑依恋 + 回避依恋，工作创新要求 + 创造性投入，创造力；

四因子模型：焦虑依恋 + 回避依恋，工作创新要求，创造性投入，创造力；

五因子模型：焦虑依恋，回避依恋，工作创新要求，创造性投入，创造力。

5.4.2 变量的描述性统计分析

表 5–2 描述了研究中各变量的均值、标准差和相关系数。从中可以看出下属－领导回避依恋与创造性投入、创造力均有显著负相关（*r*=–

0.17，p<0.01；r=0.28，p<0.01）。下属－领导焦虑依恋与创造性投入之间相关不显著（r=−0.02，n.s.），与创造力之间有显著负相关（r=−0.15，p<0.05）。相关分析基本符合本研究的假设，因此可以进一步对变量间的关系进行检验。

表 5-2　变量的均值、标准差及相关系数

	Mean	SD	1	2	3	4	5	6	7	8	9
1 性别	1.51	0.50	–								
2 年龄	29.75	6.25	−0.21								
3 学历	2.01	0.56	−0.02	−0.02							
4 任职年限	5.19	4.58	−0.15	0.77***	0.01						
5 共事时间	4.75	2.79	−0.07	0.48***	0.05	0.63***					
6 回避依恋	3.61	1.19	0.01	0.07	−0.04	0.04	−0.06				
7 焦虑依恋	3.40	1.11	−0.08	−0.10	−0.06	−0.07	−0.05	0.36***			
8 CR	5.35	0.82	0.02	−0.05	0.01	−0.05	0.05	−0.25***	0.01		
9 创造性投入	5.27	0.57	0.00	0.00	0.09	−0.03	−0.04	−0.17**	−0.02	0.39**	
10 创造力	5.36	0.74	0.04	−0.08	0.05	−0.09	0.00	−0.28**	−0.15*	0.41**	0.40**

注：N=315。CR=工作创新要求。*、**、*** 分别表示 p< 0.05、p< 0.01、p<0.001（双尾检验）。下同。

5.4.3　假设检验

本研究采用层级回归的方法对假设模型进行验证。为避免共线性问题，因此对回避依恋、焦虑依恋、工作创新要求和创造性投入等变量都进行了中心化处理（Baron、Kenny，1981）。

表 5-3 列出了调节效应检验的回归分析过程和结果。首先，将控制变量纳入回归模型（模型 1），然后加入工作创新要求和下属－领导焦虑依恋（模型 2）以及焦虑依恋的平方（模型 3），工作创新要求和焦虑依恋的线性交互（模型 4），最后是非线性交互（模型 5）。回归分析结果显示，

焦虑依恋对创造性投入的影响不显著（β=–0.01，n.s.）。但焦虑依恋的平方对创造性投入的消极影响显著（β=–0.09，p<0.001）。并且相关系数的变化量达到了显著性水平。这表明焦虑依恋与创造性投入之间为“倒U型”关系。

表 5–3 层级回归的分析结果

	模型 1	模型 2	模型 3	模型 4	模型 5	模型 6	模型 7
性别	0.01	0.01	–0.01	–0.02	–0.02	0.00	0.03
年龄	0.01	0.01	0.01	0.01	0.01	0.01	0.00
学历	0.10*	0.10*	0.09	0.07	0.07	0.10	0.11
任职年限	–0.01	–0.02	–0.02	–0.02	–0.02	–0.02	–0.02
共事时间	0.01	0.01	0.01	0.01	0.01	0.01	0.01
CR		0.28***	0.30***	0.32***	0.32***	0.27***	0.23***
焦虑依恋		–0.01	0.02	–0.01	–0.01		
焦虑依恋 ^{2}			–0.07***	–0.09***	–0.09***		
回避依恋						–0.04	–0.06*
焦虑依恋 ×CR				0.14***	0.14***		
焦虑依恋 ^{2}×CR					0.01		
回避依恋 ×CR							0.13***
R^2	0.01	0.17	0.21	0.25	0.25	0.18	0.22
ΔR^2	0.01	0.16	0.04	0.04	0.01	0.01	0.04
ΔF	0.75	29.38***	16.39***	15.74***	0.01	2.12***	15.97***

根据模型 4 和模型 5，焦虑依恋和工作创新要求的交互项对创造性投入的影响显著（β=0.14，p< 0.001），但是焦虑依恋平方与工作创新要求交互项的影响不显著（β=0.01，n.s.）。根据 Aiken 和 West（1991）的观点，在检测二次曲线的调节效应时，当调节变量和自变量的交互项的系数显著时，则调节变量会改变自变量曲线的倾斜度。当调节变量和自变量的平方项交互的系数显著时则调节变量会改变自变量曲线的形状。当上述两个交互项的系数同时显著时，则调节变量既改变自变量的倾斜度也改变曲线的形状。在本研究中，仅有焦虑依恋平方和工作创新要求的交互项显著，并且系数为正值，因此工作创新要求没有改变“倒U型”曲线的形状。

为进一步检验工作创新要求对焦虑依恋和创造性投入之间关系的具体的调节结果，采用 Aiken 和 West（1991）的方法，分别计算了在高工作创新要求（高于均值一个标准差）、中等程度工作创新要求（均值）和低工作创新要求（低于均值一个标准差）三种情况下回归线斜率的显著性水平。统计结果显示，在低工作创新要求下，在焦虑依恋的低点简单斜率为显著的正值（simple slope=0.30，p<0.01），中间点为不显著的负值（simple slope=–0.14，n.s.），高点为显著的负值（simple slope=–0.67，p<0.001）。在中等工作创新要求下，在焦虑依恋的低点简单斜率为显著的正值（simple slope=0.44，p<0.01），中间点为不显著的负值（simple slope=–0.3，n.s.），高点为显著的负值（simple slope=–0.58，p<0.001）。在高工作创新要求下，在焦虑依恋的低点简单斜率为显著的正值（simple slope=0.57，p<0.001），中间点为不显著的正值（simple slope=0.09，n.s.），高点为显著的负值（simple slope=–0.48，p<0.001）。结果如图 5–2 所示。由此，假设 5–5 得以验证。

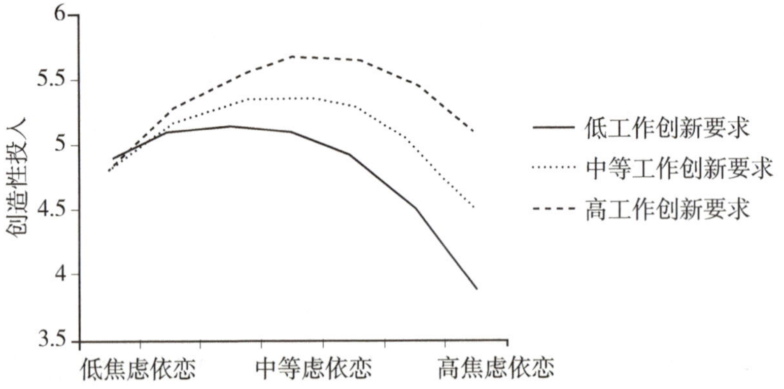

图 5–2　工作创新要求对焦虑依恋－创造性投入的调节作用

同样根据 Aiken 和 West（1991）提供的方法对回避依恋和工作创新要求的交互效应进行了简单斜率分析。结果表明，在高创新要求的条件下（高于均值一个标准差），回避依恋对创造性投入的影响不显著（simple slope=0.5，n.s.）。而在低创新要求的条件下（低于均值一个标准差），回避依恋对创造性投入的负向影响显著（simple slope=–0.15，p<0.001）。具体如图 5–3 所示。这表明在高创新要求的条件下，回避依恋对创造性投入的消极影响被减弱。由此，假设 5–6 得以验证。

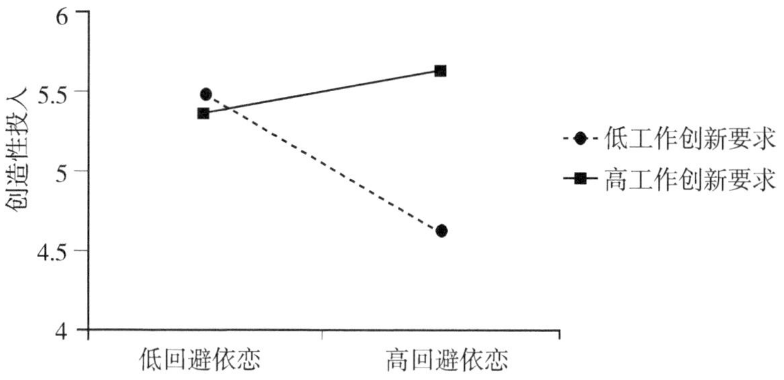

图 5–3 工作创新要求对回避依恋－创造性投入的调节作用

（3）创造性投入的中介效应检验

表 5–4 列出了中介效应的检验结果。从模型 9 可以看到，在控制了人口变量和创新工作要求后，回避依恋对创造力负向影响显著（β =–0.09，p< 0.05），而焦虑依恋不显著（β =–0.06，n.s.）。假设 5–2 得以验证。模型 10 中，加入焦虑依恋的平方后，焦虑依恋的平方对创造力影响显著（β =–0.10，p< 0.05）。由此假设 1 得以验证。模型 11 中加入了焦虑依恋和工作创新要求的交互项、回避依恋和工作创新要求的交互项，以及焦虑依恋平方和工作创新要求的交互项，结果显示，仅有焦虑依恋平方和工作创新要求的交互项显著（β =0.09，p< 0.05）。根据模型 9 ～ 10，在控制了其他变量后，创造性投入显著预测个体的创造力（β =0.29，p< 0.001），而焦虑依恋平方和回避依恋的系数不显著。因此，创造性投入在焦虑依恋平方和回避依恋对创造力的影响中起完全中介作用。假设 5–3 和假设 5–4 得以验证。

表 5–4 中介效应检验结果

	模型 8	模型 9	模型 10	模型 11	模型 12
性别	0.04	0.03	0.02	0.01	0.01
年龄	–0.00	–0.00	–0.00	–0.00	–0.00
学历	–0.02	–0.01	–0.01	–0.01	–0.01
任职年限	0.02	0.00	0.01	0.01	0.02
共事时间	0.06	0.05	0.04	0.01	–0.01
CR		0.33***	0.35***	0.42***	0.34***

续表

	模型 8	模型 9	模型 10	模型 11	模型 12
回避依恋		−0.09*	−0.09*	−0.11*	−0.09*
焦虑依恋		−0.06	−0.04	−0.03	−0.03
焦虑依恋 ^{2}			−0.10*	−0.09*	−0.07
焦虑依恋 ×CR				0.02	−0.02
焦虑依恋 ^{2}×CR				0.09*	0.05
回避依恋 ×CR				−0.06	−0.06
创造性投入					0.29***
R^2	0.02	0.22	0.26	0.28	0.32
ΔR^2	0.02	0.20	0.04	0.01	0.04
ΔF	1.02	25.90***	17.70***	4.42*	15.28***

（4）被调节的中介效应分析

根据研究假设，在高工作创新要求的条件下焦虑依恋的平方和回避依恋通过创造性投入对创造力有更强的间接影响效应，因此本研究采用 Edwards 和 Lambert（2007）的有调节的中介分析方法来进一步检验创造性投入的中介效应。根据 Hayes （2013）基于有调节的中介模型编写的 PROCESS 程序，运用 SPSS 软件计算了间接影响的效应值。本研究将重复抽样（bootstrap）的次数设置为 5000 次，结果如表 5-5 所示。

表 5-5 被调节的中介效应分析结果

	焦虑依恋平方→创造性投入→创造力		
调节变量	直接效应	间接效应	总效应
低 CR（−1SD）	−0.03	−0.02	−0.05
高 CR（+1SD）	−0.11	0.02	−0.09
差值	−0.08	0.04	−0.04
	回避依恋→创造性投入→创造力		
调节变量	直接效应	间接效应	总效应
低 CR（−1SD）	−0.08	−0.06	−0.14
高 CR（+1SD）	−0.12	0.02	−0.10
差值	−0.04	0.08	0.04

如表 5-5 中的结果显示，焦虑依恋平方与工作创新要求的交互项通过创造性投入的中介作用，进而对员工创造力产生影响，创造性投入在这一路径中的间接作用差值为 0.04，95%CI=[0.01，0.07]，不包括 0，假

设 5–7 得以验证。假设 5–8 是考察创造性投入在回避依恋与工作创新要求的交互项与创造力之间的间接效应。统计结果显示，创造性投入的间接效应差值为 0.08，95%CI=[0.05，0.11]，不包括 0，假设 5–8 得到了本次数据的支持。

5.5 讨论

本研究以依恋理论和创造力双通道模型为基础，基于对 315 对下属 – 领导在三个不同时间点采集的数据，通过有调节的中介效应模型检验了两种下属 – 领导不安全依恋关系（回避和焦虑）对员工创造力的影响及其作用机制。研究结果表明：（1）下属 – 领导焦虑依恋和员工创造力之间的关系是一种“倒 U 型”的曲线关系，当下属 – 领导焦虑依恋处于中等水平时，员工创造力最高。（2）下属 – 领导回避依恋对员工创造力有消极影响。（3）工作创新要求分别调节了下属 – 领导焦虑依恋和下属 – 领导回避依恋对创造性投入的影响。（4）创造性投入在上述两个交互项对创造力的影响中起中介作用。本研究的结果丰富了组织中依恋理论的应用，也拓展了对组织创造力的理解，得到了一些有价值的理论与实践启示。

5.5.1 理论意义

本研究的理论贡献体现在以下几个方面：

第一，本研究拓展了依恋理论关于依恋与个体探索行为关系的内容。基于依恋理论的观点，安全依恋关系是个体探索行为的基础（Bowlby，1982）。在第 4 章中，本书也已经证实了在组织情境中，下属 – 领导安全依恋关系会促进员工的创造力。但是，根据创造力双通道理论的观点，由于创造性活动的复杂性，在组织情境下，创造力还有可能通过个体持续地、分析性地思考来实现。当员工处于消极的情绪或状态时，只要达到了一定的激活水平，员工的专注度就可以集中于当前的创造性活动，由此提高创造性绩效。本研究的结果证实了这一观点，下属 – 领导焦虑依恋和员工创造力之间呈“倒U型”关系，当员工的焦虑依恋在中等水平时，其创造力水平最高。这解释了过去基于焦虑依恋风格和员工绩效研究中，一部分研究发现焦虑依恋和一般绩效之间的关系不显著（Johnston，1999；Wu、Yang，2012），而另一些研究则得到了负相关的结论（Carnelley、Ruscher，2000；Green、Campbell，2000）。另外，一些通过实验室实验探讨个体依恋风格和创造力关系的研究，都是要求被试在一定时间内完成创造性任务。而对于焦虑依恋的员工而言，如果要通过“持续性通道”提高其创造性绩效，则需要投入更多的时间（Nijstad et al.，2010）。因此实验室任务和组织情境中的研究结论也会有所差异。另外，在组织情境下，对领导产生适度焦虑依恋的员工更有可能是和领导较为亲近的人，即“圈内人”（Liden et al.，2006）。因此，在领导评价其创造力时，容易产生一定的偏好，也可能导致他们在领导眼中是更具有创造力的人。

第二，本研究发现下属 - 领导回避依恋会对员工在工作中的创造力产生消极影响。以往的研究发现，回避依恋风格的员工在工作情境下会表现出更少的与其他人之间的互动（Richards、Schat，2011），他们的助人行为和求助行为都更少（Little et al.，2011），对领导的信任度也更低（Crawshaw、Game，2014）。本研究发现当下属对领导形成回避依恋时，也会减少他们对创造性工作的投入，最终影响他们的创造性绩效。这也可能是由于员工对领导的回避依恋导致个体在关系中的退缩，使他们不愿意主动向领导获取资源和经验，从而减少了他们对探索活动的兴趣。另外，由于他们对领导采取的“不靠近”的交往方式，以及更独立地去完成任务，也可能导致作为评价者的上级领导对他们创造力的了解有限，从而评价更低。

第三，本研究根据 DPCM 证实了员工的创造性投入在下属 - 领导不安全依恋和创造力关系中的中介效应，从而澄清了下属 - 领导不安全依恋关系究竟如何影响了员工的创造力。根据 DPCM，当下属对领导焦虑依恋达到适度水平时，将促进其情绪和认知激活（De Dreu、Baas、Nijstad，2012），由此使他们在工作中更专注于领导所要求的任务，也增加了他们在创造性活动中的投入，从而产生更高的创造性绩效。而对于回避依恋的员工，由于他们在与领导相关的情境中采取“去激活”的策略来抑制消极情绪，从而降低了他们情绪和认知上的激活程度，使他们在具有挑战性、不确定性特点的创造性活动方面投入更少。

第四，本研究证实创新需求会影响员工通过持续性通道来实现创造力。根据 DPCM 和资源保存理论，个体通过持续性通道实现创造力需要外部环境提供足够的诱因，抵消他们在持续完成创造性任务过程中的资源损耗（Roskes、De Dreu、Nijstad，2012）。本研究发现工作创新要求能调节下属－领导不安全依恋对他们创造性投入的影响。工作创新要求作为工作岗位的需求，和员工在组织中获得的晋升、奖励以及基于组织的自尊等都有关联。在高工作创新要求的条件下，员工获得的诱因越强烈，对于那些与领导处于消极关系状态的员工而言，更能激发他们在创造性任务中持续性地投入。

5.5.2 实践意义

在对员工创造力的激励方面，那些与领导有消极关系的员工常常处于被忽略的位置。通过本研究，有助于为企业提供一些具体的管理措施，以帮助这些下属员工营造一个更好的创新环境。

第一，根据本研究的发现，那些对领导有高焦虑依恋的员工，他们在与领导的交往中容易产生焦虑的情绪，这种消极的状态容易影响他们在创造性活动中的认知灵活性。但是适度的情绪焦虑可以促使他们通过“持续性通道”实现创造力。不过持续性通道意味着需要有足够的时间（Nijstad et al.，2010）和精力投入。因此，领导者在管理实践中，对于这部分员工需要给予更多，减少他们的时间压力，使他们能聚焦于当前的工作任务，从而表现出更多创造力。

第二，不论是对于焦虑依恋还是回避依恋的员工，尽管他们在与领导的互动交往中容易产生消极情绪，但是如果领导能向他们传递明确的工作创新要求，也能使他们更好地将注意力投入到完成工作目标，从而有助于他们表现出创造力。这也表明对于那些有较高工作创新要求的组织，在工作制度设计方面需要使员工更为明确岗位创新的要求。

总体来说，管理者需要理解员工在工作中的行为特征，从而为他们营造出一个更理想的工作环境，激励员工更好地从事创造性工作。另外，人力资源管理部门也可以根据组织的创新环境选择更合适的员工。

5.5.3 研究的局限与展望

由于客观原因的限制，本研究还存在一些局限性，需要后续的研究加以改进，一些潜在的研究问题也还有待于未来的研究进行深入探讨。

首先，基于现有的研究结果，还不能完全推断变量之间的因果关系。由于在组织中个体和领导之间的关系是动态发展的（Zhao et al.，2014）。因此，尽管本研究发现了下属－领导焦虑依恋对创造力有"倒 U 型"影响，而下属－领导回避依恋对创造力有消极影响，但是在现实的组织情境中，员工自身的创造性绩效也有可能影响他们与领导之间的依恋关系。那些能取得更高创新成果的员工可能与领导有更亲密的联系，也更在意和领导之间的关系。同时，高创新绩效的员工往往还是领导者标榜的团队楷模（Tierney、Farmer，2002），领导者会主动接近他们，而他们也不需要回避领导。因此，未来还需要进行纵向追踪的研究，考虑下属－领导依恋关系与他们创造性绩效之间的变化趋势，以更明确下属－领导依恋关系对员工创造力的影响。

其次，本研究仅考察了个体的创造性投入作为下属－领导不安全依恋对创造力影响的中介机制。根据 Shin（2015）提出的领导－下属关系对创造力影响的机制模型，领导－下属关系还有可能通过认知和情绪影响员工的创造力。由于依恋关系本身会影响个体对环境的认知模式以及情绪反应策略（Collins、Read，1994），因此未来的研究中，可以更进一步探讨基于下属－领导不安全依恋关系，如何影响他们对创造性活动的认知以及在创造性活动中的情绪状态，进而影响创造力。

最后，尽管本研究中的样本来自不同的行业，但由于样本数量有限，没有能详细区分其工作中产生的创造力的类型与层次问题。创造力领域的研究学者认为，创造力包含不同的层次，既可以是对现有产品、流程微小的改进，也可以是突破性的新发现（Mumford、Gustafson，1988）。个体在组织内的创造力，可能是渐进性创造力，也可能是突破性创造力（Gilson、Madjar，2011）。另外，创造力面临的问题既可以是封闭的问题，也可以是开放的问题（Unsworth，2001）。这些不同类型、不同层次的创造力其产生的条件以及影响因素都有差异（张勇、龙立荣、贺伟，2014）。因此，在今后的研究中，可以对行业类型进行区分，对工作中所涉及的创造力层次进行区分，进一步探讨下属－领导不安全依恋关系对不同的创造性活动的影响。

5.6　本章小结

本章在对两种下属－领导不安全依恋与创造力的关系进行分析的基础上，基于依恋理论和创造力双通道模型提出了相关的研究假设。通过问卷调查的方法，分三个时间段对315名员工及其直属领导进行了数据采集。研究发现：下属－领导焦虑依恋和员工创造力之间有“倒U型”的关系，中等程度的焦虑依恋时，创造力最高。下属－领导回避依恋对员工创造力有消极影响。员工的创造性投入在上述两种不安全依恋关系对创造力的影响中起中介作用。同时，工作创新要求调节下属－领导焦虑依恋的平方对创造性投入的影响。工作创新要求越高，下属－领导焦虑依恋对员工创造性投入的“倒U型”影响越凸显。工作创新要求同时调节了下属－领导回避依恋对创造性投入的消极影响。在高工作创新要求的条件下，下属－领导回避依恋对创造力的消极影响会减弱。

6 如何提升不安全依恋员工的创造力：领导安全基地支持的作用

6.1 问题提出

基于前 2 章的研究，下属 – 领导不同的依恋关系对员工创造力有不同的影响。下属 – 领导安全依恋关系在组织情境中，能有效提升员工的创造力。而下属 – 领导不安全依恋关系（包括焦虑依恋和回避依恋）对创造力有更多的消极影响。不过，依恋关系是对下属 – 领导关系状态的描述，领导的哪些行为能促进员工的安全依恋，在实际的组织情境中可能更具有操作性。在第 2 章的文献回顾中曾强调，安全依恋关系作为个体探索行为的基础，最重要的是提供了“安全基地”的功能。根据依恋理论，安全基地是依恋对象的一种理想状态，它使得个体能够以更为自信的方式探索环境（Bowlby，1988），接受更具挑战性的目标。因此，当在领导和员工的社会交往中包含安全基地的功能时，能否有效改善下属 – 领导不安全依恋员工的创造力是值得进一步讨论的问题。

从依恋理论的视角，安全基地具有“可得性”“不干预”和“鼓励成长”的特征（Bowlby，1982；Wu、Parker，2017）。当个体对某个特定对象产生依恋时，依恋对象所提供的安全基地支持，能提升个体在探索性活动中的安全感，激发其投入高不确定性和高挑战性的活动动机（Feeney、Thrush，2010）。在亲密关系和友谊关系的研究都发现，依恋对象的安全基地支持行为能有效提升被支持者的探索行为和创造力（李宣佑，2014）。在组织情境中，领导安全基地支持（leader secure base support，以下简称 LSBS），是领导者为员工提供的具有“安全基地”特征的支持行为，它使得下属－领导安全依恋关系更具有操作性，领导者能更有效地通过主动的行为方式改善与员工的关系质量，并提高他们的创造力。不同的员工在与领导的社会交往中有不同的需求。从需求匹配的角度，当领导支持与员工需求契合时，能产生更强的积极影响（冯帆、杨忠，2009；赵慧娟、龙立荣，2009）。领导者作为员工的依恋对象，基于下属和领导之间所形成的不同的依恋关系，本研究认为，在高 LSBS 的条件下，下属－领导不安全依恋对员工创造力的消极影响将减少。一方面，对于焦虑依恋的员工，他们更渴望能与领导进行积极的互动，高 LSBS 的情境更符合他们在工作中的需求。另一方面，对于回避依恋的员工，由于领导者的“不干涉”和“鼓励成长”，高水平的 LSBS 也符合他们“自立”的需求。因此，本研究将重点考察 LSBS 能否作为边界条件，影响下属－领导不安全依恋和员工创造力之间的关系。

其一，本研究选择了将安全基地与领导支持行为相结合。在已有的创造力文献中，领导支持是否对员工创造力有影响，其研究结论并不一致。一些研究者发现，领导支持能在工作情境中有效提高员工的创造性绩效。但是也有研究者发现，领导支持的影响并不显著（Oldham、Cummings，1996；Zhou，2003）。有研究者指出，这可能是由于对领导支持行为的具体界定并不一致，一些领导支持行为可能会容易被员工感受，并且对创造力有促进作用。而一些领导支持行为可能与员工的创造性工作关系较远，由此导致在已有研究中产生了不一致的结论（Amabile et al.，2004）。另外，领导支持行为对不同需求的员工作用效果可能也有差异。从需求匹配的视角，只有当领导支持行为满足了员工在创造性活动中的特定需求，由此才能对创造性绩效产生激励效果（Chen、Li、Leung，2016）。因此，澄清领导支持行为中对创造力真正产生影响的要素，并分析这些支持行为对哪些员工更有帮助，将有助于更清晰地揭示领导支持行为在影响员工创造力方面的有效性（Shin，2015；Tierney，2008）。

其二，本研究希望能明确 LSBS 在影响下属－领导不安全依恋和员工创造力关系时的作用机制。从依恋理论中对“安全基地”内涵的描述，LSBS 在影响员工方面能促进他们的心理安全感，提升员工积极的自我概念，使员工更为专注当前的探索和创造性活动。基于自我决定理论（Deci、Ryan，1985）和社会认知理论（Bandura，1982），本研究认为领导安全基地支持可能通过内部动机和创造性自我效能影响下属－领导不安全依恋和员工创造力之间的关系。

综上所述，本研究的理论贡献将包括以下两个方面：第一，基于依恋理论，本研究进一步探讨了当下属－领导为不安全依恋关系时，LSBS 作为一种重要的情境因素，能否改善员工的创造力。具体地，本研究将考察 LSBS 能否有效调节下属－领导不安全依恋对创造力的影响。第二，本研究考察了创造性自我效能和内部动机作为上述关系发生作用的中介机制。

6.2 理论基础与研究假设

6.2.1 下属－领导不安全依恋与员工创造力

下属－领导不安全依恋包括焦虑依恋和回避依恋两种关系模式。当下属与领导之间为焦虑依恋关系时，他们往往对自身有一种“消极自我”的内部表征，很在意领导者对他们的看法，在关系中对自我价值感的评价较低（Srivastava、Beer，2005）。他们会通过持续的努力获得领导的关注，维系与领导之间的人际关系。由于焦虑依恋的个体通常在工作中处于消极和矛盾的情绪状态（Game、West、Thomas，2016；Ronen、Mikulincer，2009），并且他们对探索行为的兴趣更弱（Green、Campbell，2000），因此一些研究者认为焦虑依恋对个体创造力有消极影响（Mikulincer、

Sheffi，2000）。但是在以往的实证研究中，焦虑依恋和创造力之间关系的研究结果并不一致。一些基于实验室的研究发现，焦虑依恋对个体创造力有消极影响（Coy、Green、Davis，2012）。而一些基于量表调查的研究则发现，焦虑依恋和创造力的关系并不显著（Wu、Yang，2012；路璐，2014）。这可能是由于这二者之间的关系存在边界条件。

当下属与领导之间为回避依恋关系时，他们往往对领导有一种“消极他人”的内部表征，这使他们倾向于认为领导是不值得信赖的。高回避依恋的员工在与领导的交往中，会认为即使和领导联系或靠近，也只会被拒绝而得不到任何帮助。在工作情境中，回避依恋的员工在面对困难、挑战和威胁时，会采取“去激活（deactivation）”的策略，抑制“消极情绪”，以“自立”的方式来独立处理情境中的困难（Game，2011）。下属对领导的回避依恋容易使他们在团队中处于“圈外人”的地位（Hou、Stuhlman、Meng，2016）。在组织情境中的研究也发现，下属对领导者的回避依恋会抑制他们在组织内部主动进行职业发展活动（Crawshaw、Game，2010；Crawshaw、Game，2014）。他们可能会不愿意通过领导获得相关的工作经验和技能，由此影响他们在工作中的创造性绩效。

根据以上分析，本研究试图从领导支持行为角度找到下属－领导不安全依恋与创造力之间关系的边界条件。一方面，能回应焦虑依恋和创造力之间关系不一致的结论：另一方面，从实践角度探讨改善回避依恋员工的创造力的方法。

6.2.2　LSBS 的调节作用

本研究的核心目标之一即探讨 LSBS 是否能有效改善不安全依恋员工的创造力。因此，研究考察了 LSBS 作为下属－领导焦虑依恋和回避依恋影响创造力的边界条件。

如前所述，依恋理论的一个核心主题就是个体与依恋对象之间的安全依恋关系作为其进行探索性活动的基础。探索行为来自个体掌握环境的动机，当面对新颖的、复杂的和不确定的环境时，个体会产生掌握环境的动机，从而展开探索性的活动（Elliot、Reis，2003）。早期的依恋理论就是观察婴儿的照顾者在与婴儿互动过程中，照顾者的支持和回应如何影响他们对环境的探索行为。基于对婴儿行为的观察，心理学家发现了照顾者对照顾对象需求的敏感和及时回应，提供了一种“安全基地”的功能，使他们能够更为主动地探索新颖的环境，并在探索活动中表现得更加自信（Mikulincer、Shaver，2007b）。Bowlby（1982）根据实验观察，认为“安全基地”是依恋对象的一种理想状态，也是个体从事探索性活动的基础。Feeney 和 Thrush（2010）在此基础上，进一步描述了这种功能的三个重要特征：可得性（availability）、不干预（noninterference）和鼓励成长（encouraging personal growth）。Feeney 和 Thrush 考察了当个体得到来自伴侣的这三种形式的支持时他们在探索性活动中的表现。结果发现，在完成任务中，他们会有更多积极的情绪，更高的自我价值感，并且在探索活动中坚持时间更久，也有更好的成绩。

Wu 和 Parker（2017）基于 Feeney 等对“安全基地”的描述，根据组织情境下的领导－下属依恋关系，提出领导者可以为下属提供包含“安全基地”功能的支持（LSBS）。同时，他们对 LSBS 的三个特征进行了详细的阐释：（1）可得性。在员工需要的时候，作为依恋对象的领导者是可得的。正如外出执行任务的部队，随时可以和后方基地取得联系一样。每次部队呼叫的时候，后方基地都会给予及时的回应。依恋对象的可得性是个体安全感的重要来源，也是其探索行为的重要预测指标。当员工感知到依恋对象的可得性时，他们会更容易地接受挑战、探索、尝试新事物或冒险等，因为他们相信自己在遇到困难时将会得到来自依恋对象的帮助与指导。可得性还会促进员工在探索活动中的表现，包括自信、持续性，以及投入探索活动的激情。（2）不干预。领导者不随意干预员工从事探索性、尝试性和创造性的活动。而领导者不干预的做法给员工提供了更好的个人空间，让他们能根据自己的兴趣选择行动方式，这将强化他们在探索活动中的自主性。（3）鼓励并支持成长。来自依恋对象的鼓励对探索行为有重要的影响。鼓励和支持将会激励个体追求目标，在学习和探索中获得成长。这种鼓励还会向个体传递关于探索行为的积极信息，表达依恋对象对探索者能力的信心，由此促使员工对探索活动更为感兴趣。

进一步地，Wu 和 Parker（2017）通过实地调查研究，考察了 LSBS 对员工在工作中的主动性行为有显著的促进作用。而在组织行为的研究中，员工表现出的主动性行为和他们的创造力通常密切相关（Ohly、Fritz，2009）。当员工积极对待工作任务，并且主动承担挑战时，才更有可能产生创造力（Gong et al.，2012）。另外，在已有的关于领导支持和创造力的研究中，对创造力产生促进作用的领导支持行为通常都具有“非控制性”和“鼓励”的特征（Oldham、Cummings，1996），这也符合 LSBS 的概念内涵。

具体而言，本研究提出 LSBS 将调节下属 – 领导焦虑依恋和员工创造力之间的关系。当员工和领导为焦虑依恋关系时，他们在工作中需要得到领导的认可与鼓励，他们特别渴望能与领导靠近（Game，2011）。尤其对于高焦虑依恋的员工，他们在与领导交往时自我价值感较低，往往通过持续努力来获得领导的回应（Mikulincer、Shaver，2007）。因此对于这类员工，高 LSBS 契合了他们对领导鼓励和认同的需求，有助于他们促进自己在创造性活动中的效能感，进而提升创造性绩效。而在低 LSBS 的条件下，领导者的“可得性”和“鼓励成长”都更低，使得员工被关注的需求无法得到及时的满足，因而会对他们从事创造性工作的积极性产生负向影响，由此进一步抑制了员工的创造力。

本研究进一步假设 LSBS 将调节下属 – 领导回避依恋对员工创造力的消极影响。对于回避依恋的员工而言，他们本身对领导者采取了“忽视”的态度，以此避免和领导者交往时产生不愉快的情绪体验（Kafetsios、Athanasiadou、Dimou，2014）。LSBS 中包含的可得性和不干预的行为，满足了回避依恋员工对“自立”的需求。由此，他们可以减少与领导者之间的人际冲突，降低由于领导者不恰当的管理而带来的消极情绪。以往的研究发现，回避依恋风格的人倾向于通过投入工作本身来减少人际交往（Dahling、Librizzi，2015；Hazan、Shaver，1990）。因此，当领导提供了 LSBS 时，可以帮助他们更好地聚焦于工作，更有助于他们在工作中表现出更高的创造性。而在低 LSBS 的情境下，领导对于员工的需求无法给予及时的回应与满足，进一步降低了员工对领导的信赖感，他们在工作中表现出创造力的热情更低，因此创造性绩效也会更低。基于以上分析，本研究假设：

假设 6-1：LSBS 对下属－领导焦虑依恋和员工创造力的关系有调节作用，在低 LSBS 的条件下，下属－领导焦虑依恋对创造力的消极影响更大。

假设 6-2：LSBS 对下属－领导回避依恋和员工创造力的关系有调节作用，在低 LSBS 的条件下，下属－领导回避依恋对创造力的负向作用更强。

6.2.3 内部动机和创造性自我效能的中介作用

根据自我决定理论和社会认知理论，本研究认为下属－领导焦虑依恋、回避依恋与 LSBS 的交互项将分别通过创造性自我效能感和内部动机进而影响员工的创造力。

根据社会认知理论，Bandura（1982）提出，个体的自我效能感可以通过 4 种途径提升：自我成功经验（mastery experience）、他人替代经验（vicarious experience）、生理状态（physiological state）以及社会说服（social persuasion）。自我成功经验是指个体通过完成任务而获得的经验和体会。生理状态是指生理和情绪唤起，包括焦虑、恐惧、压力等。他人替代经验是指个体通过观察和学习其他人的行为而获得的间接经验。社会说服是指来自他人的鼓励或激励（如表扬、外在奖励等）。在组织情境中，焦虑依恋的员工往往自我评价感较低，很在意领导对他们工作的评价。LSBS 可以从社会说服以及自我成功经验的角度帮助这些员工提高他们在创造性活动中的创造性自我效能。第一，LSBS 具有安全基地中"可得性"的特点，在员工需要的时候提供及时的帮助，这使得员工更愿意从事具有挑战性的目标，当他们获得成功的自我经验时，将提升他们在工作中的胜任感。第二，LSBS 中包含"鼓励成长"的支持行为，焦虑依恋的员工在与领导交往过程中，受到领导更多的鼓励，将提升他们的自我价值感。以上两种功能都能有助于提升焦虑依恋员工在从事创造性工作时的自我效能感。因此，本研究提出在低 LSBS 的条件下，焦虑依恋员工的创造性自我效能将显著低于高 LSBS 条件下的水平。

自我决定理论认为(Deci、Ryan，1985)，当个体可以自由选择工作内容，并决定完成工作的方式时，他们对工作本身会有更高的自我决定感，从而更有动力投入到工作任务中。由于回避依恋的员工对领导者缺乏信赖，往往回避和领导之间的主动交流和寻求支持，在工作中采取自立的策略。而 LSBS 中包含“可得性”和“不干预”的特征。在低 LSBS 的情境下，领导者的“不可得”使回避依恋的员工在完成创造性任务时，无法根据自己的兴趣选择工作目标，因为当他们遇到困难和挑战时，会感到自己不能得到领导的支持和帮助。这种工作氛围将抑制员工对工作本身的内在兴趣。另外，低 LSBS 时，领导会有更多干预的行为，使下属在工作中更多感受到领导者来自外部的控制。对于回避依恋的员工而言，他们的自主空间减少，也将削弱他们在工作中的自主性和内部动机（La Guardia et al.，2000）。

综合以上，本研究提出如下假设：

假设 6–3：LSBS 对下属 – 领导焦虑依恋和创造性自我效能之间关系具有调节作用，在低 LSBS 的条件下，下属 – 领导焦虑依恋对创造性自我效能的消极影响更大。

假设 6–4：LSBS 对下属 – 领导回避依恋和内部动机之间关系具有调节作用，在低 LSBS 的条件下，下属 – 领导回避依恋对内部动机的抑制作用更大。

在此尤其需要强调的是，本研究没有假设 LSBS 对焦虑依恋和内部动机之间关系的调节。这是因为对于焦虑依恋的员工而言，在与领导者的互动交往过程中，得到领导者的关注和认可对他们而言更为重要，这可能也挤压了他们对工作本身的内部动机（Blalock et al.，2015）。同样，本研究也没有假设 LSBS 对回避依恋和创造性自我效能之间关系的调节。由于回避依恋的员工在工作中更渴望“自立”，他们与领导交往时并没有表现出在自我价值提升方面的需求，创造性自我效能对回避依恋的员工可能就没有那么重要了。

另外，由于创造性工作中通常包含不确定性和复杂性，创造性自我效能和内部动机被认为是个体产生创造力的重要必备条件。Tierney 和 Farmer（2002）认为，创造性自我效能感是个体在从事创造性工作时对产生创新成果的积极信念。创造性自我效能感有助于个体在创造性活动中保持积极的情绪状态，当个体对自己的创造性产出越自信，他们越够以更积极的心态面对情境的复杂和不确定性，能更有效地利用各种资源克服创造性活动中的困难和挫折，由此更有可能取得创造性绩效（Tierney、Farmer，2002）。大量实证研究也验证了创造性自我效能有助于促进员工在工作中的创造力（Zhang、Long、Zhang，2015；周浩、龙立荣，2011）。

根据 Amabile（1996）的创造力成分模型，工作的内部动机是个体产生创造力的前提条件。只有当个体对工作活动本身有内在兴趣时，他们才会愿意投入到探索和创造性的活动中（Amabile、Pratt，2016）。以往的很多研究也发现，组织中的情境因素往往通过影响员工的内部动机进而影响他们的创造力（Hennessey、Amabile，1998；Shalley、Zhou、Oldham，2004）。例如，Zhang 和 Bartol（2010）的研究发现，授权型领导通过影响员工的心理授权，进而影响其内部动机，再促进员工的创造力。周浩和龙立荣（2011）的研究发现，工作环境的不安全感会影响员工的内部动机，进而影响创造力。根据以上分析，本研究提出假设 6-5 和假设 6-6。

假设 6-5：创造性自我效能对员工创造力有正向影响。

假设 6-6：内部动机对员工创造力有积极促进作用。

结合以上分析，本研究提出如下有中介的调节效应的假设：

假设 6-7：下属－领导焦虑依恋和 LSBS 的交互项通过自我效能感的中介作用，进而对员工创造力产生影响。

假设 6-8：下属－领导回避依恋和 LSBS 的交互项通过内部动机的中介作用，进而对员工创造力产生影响。

综上所述，本研究的理论模型如图 6-1 所示：

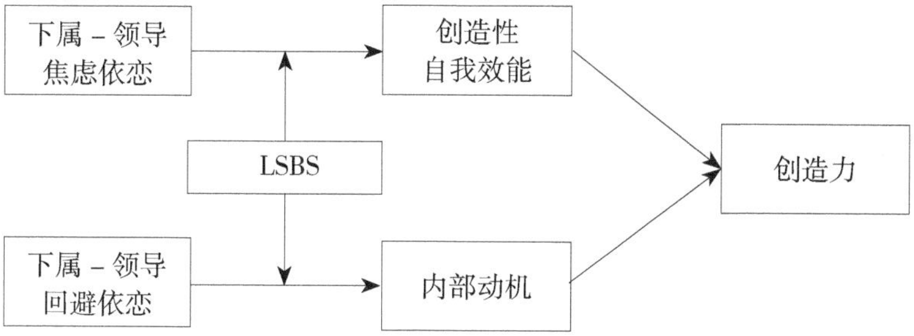

图 6–1　研究四模型图

6.3　研究方法

6.3.1　研究样本与数据收集

此次调查研究数据与第 5 章来自同一数据源。具体可见相关章节的数据收集过程。第一次调查中，收集了员工的人口统计信息、下属 – 领导回避依恋、下属 – 领导焦虑依恋以及他们对 LSBS 的评价。在四周以后的第二次调查中，要求员工对自己的创造性自我效能和内部动机进行评价。再次间隔四周后，在第三次调查中，要求领导对下属员工在近期工作中的创造力进行评价。所有在线调查完成后，剔除在线填写过程中答题不认真（测谎题不合格、反应倾向过于一致或填写时间小于 2 个标准差）和无法配对的问卷，最终得到 315 名员工与 118 名直属领导的数据。平均每个领导评价 3.7 名员工。

315 名被试员工中，男性占 48.53%，平均年龄为 29.75 岁，平均工作时间为 5.19 年，大专学历占 13.3%，本科学历占 74%，研究生以上学历占 12.7%。月收入在 3000 元以内的为 4.7%，3000 ～ 5000 元的 24.8%，月收入在 5000 ～ 10000 元的有 53.3%，月收入在 10000 元以上的有 17.8%。普通员工占 49.1%，基层主管为 34.6%，中层主管为 12.7%，高级管理人员占 3.6%。118 名领导平均年龄为 37.85 岁，男性占大多数（67.5%），平均工作年限为 10.85 年，其中本科学历占大多数（69.62%）。员工与领导平均共事时间为 5.19 年。

6.3.2 测量工具

在本研究中，对主要变量的测量均采用了 Likert–7 点量表。并且为了保证测量工具的准确性，所有使用的英文文献中的量表都由高水平的中英双语者经过了翻译－回译对照的程序（Brislin，1980）。

（1）下属－领导回避依恋

下属－领导回避依恋的测量采用第 3 章所编制的量表。在第一次收集数据的时间点，要求员工基于 Likert–7 点进行自评，从 1（完全不同意）到 7（完全同意）。在本研究中，量表的内部一致性 α 系数为 0.86。

（2）下属－领导焦虑依恋

下属－领导焦虑依恋的测量采用第 3 章所编制的量表。在第一次收集数据的时间点，要求员工基于 Likert–7 点进行自评，从 1（完全不同意）到 7（完全同意）。在本研究中，量表的内部一致性 α 系数为 0.86。

（3）LSBS

领导安全基地支持行为采用 Wu 和 Parker（2017）编制的量表，共 9 个题项。包含三个子维度：领导支持的可得性、不干预和鼓励成长，每个子维度分别包含 3 个题项。典型题项如“领导允许我在设定自己的绩效目标时可以有较大的自主性”“领导鼓励我依靠自己去积极主动解决问题”。在第一次收集数据的时间点，要求员工对 LSBS 进行评估，采用 Likert–7 点评分，从 1（完全不同意）到 7（完全同意）。在本研究中，整体量表的内部一致性 α 系数为 0.92。量表三维结构的验证性因子分析结果为 χ^2=198.03，d*f*=69，χ^2/d*f*=2.87，*CFI*=0.92，*TLI*=0.90，*RMSEA*=0.06。

（4）创造力自我效能

创造性自我效能采用 Tierney 和 Farmer（2011）编制的量表，共 4 个题项。典型题项如“我有能力创造性地解决问题”。在第二次收集数据的时间点，要求员工对个人的创造性自我效能进行自我评估，采用 Likert-7 点评分，从 1（完全不同意）到 7（完全同意）。在本研究中，整体量表的内部一致性 α 系数为 0.92。

（5）内部动机

内部动机采用 Gagne 等（2010）编制的工作动机量表中的内部动机维度，共 3 个题项。典型题项如"我从事这个工作是因为工作带给我很多乐趣"。在第二次收集数据的时间点，要求员工对个人从事当前工作的动机进行自我评估，采用 Likert-7 点评分，从 1（完全不同意）到 7（完全同意）。在本研究中，整体量表的内部一致性 α 系数为 0.92。

（6）创造力

创造力的测量与第 5 章所使用的量表相同。在第三次收集数据的时间，要求直接上级领导根据员工的实际工作情况进行回答，采用 Likert-7 点评分，从 1（完全不同意）到 7（完全同意）。在本研究中，量表的内部一致性 α 系数为 0.86。

（7）控制变量

本研究中加入了性别、年龄、学历、工作年限以及领导共事等人口学变量作为控制变量，以排除对因果关系的干扰。另外，根据前人研究（Tierney、Farmer，2002；张勇、龙立荣、贺伟，2014），考虑到工作复杂性对创造力可能产生的潜在影响，因此将工作复杂性也作为控制变量。工作复杂性的测量采用了 Dean 和 Snell（1991）编制的工作特征量表，包括 3 个题项，在本研究中量表的内部一致性 α 系数为 0.90。

6.3.3 统计分析

本研究采用 SPSS22.0 和 LISREL 8.70 进行了统计分析和假设检验。第一步，使用 LISREL 8.70，对问卷中主要观测变量的区分效度进行构念区分效度的检验。第二步，运用 SPSS22.0 对各变量的均值、标准差以及相关系数进行描述性统计分析。第三步，参考研究者常用的有中介的调节作用的检验程序，采用分层回归模型分别对调节效应以及中介效应进行了检验，并计算了自变量对结果变量的直接效应和间接效应。

6.4 研究结果

6.4.1 构念区分效度检验

为了检验研究中所涉及变量的构念区分效度，采用 LISREL 8.70 对所涉及的主要变量进行了验证性因子分析。从表 6–1 中可以看出，与另外 4 个模型相比，六因子模型拟合度最优，基本到了临界值的要求，明显优于其他模型的拟合指标。说明研究假设中所涉及的变量具有良好的区分效度。

表 6–1 验证性因子分析结果

	χ^2	df	χ^2/df	*CFI*	*TLI*	*RMSEA*
单因子模型	4617	300	15.39	0.43	0.38	0.23
三因子模型	3069.52	296	10.37	0.56	0.51	0.18
四因子模型	2332.28	293	7.96	0.68	0.62	0.14
五因子模型	1364.08	289	4.72	0.83	0.81	0.13
六因子模型	820.76	284	2.89	0.90	0.90	0.09

注：N=315。

单因子模型：回避依恋＋焦虑依恋＋LSBS+ 创造性自我效能＋内部动机＋创造力；

三因子模型：回避依恋＋焦虑依恋 +LSBS，创造性自我效能＋内部动机，创造力；

四因子模型：回避依恋＋焦虑依恋，LSBS，创造性自我效能＋内部动机，创造力；

五因子模型：回避依恋，焦虑依恋，LSBS，创造性自我效能＋内部动机，创造力；

六因子模型：回避依恋，焦虑依恋，LSBS，创造性自我效能，内部动机，创造力。

6.4.2 变量的描述性统计分析

表 6–2 描述了研究中各变量的均值、标准差和相关系数。从中可以看

出下属－领导的回避依恋、焦虑依恋与创造力均有显著负相关（r=−0.28，p<0.001；r=−0.15，p<0.01）。创造性自我效能和内部动机与创造力也分别有显著正相关（r=0.35，p<0.001；r=0.33，p<0.001）。相关分析基本符合本研究的假设，因此可以进一步对变量间的关系进行检验。

表 6–2　各变量的均值、标准差及相关系数

	Mean	SD	1	2	3	4	5
1. 回避依恋	3.61	1.19	–				
2. 焦虑依恋	3.40	1.11	0.36***	–			
3.LSBS	5.14	0.77	−0.36***	−0.17*	–		
4.CSE	5.32	0.70	−0.25**	−0.03	0.35***	–	
5. 内部动机	5.43	0.81	−0.21**	−0.01	0.35***	0.41***	–
6. 创造力	5.35	0.74	−0.28***	−0.15*	0.32***	0.35***	0.33***

注：N=315。CSE= 创造性自我效能。* 、 * * 、*** 分别表示 $p < 0.05$、$p < 0.01$、$p < 0.001$（双尾检验）。

6.4.3　假设检验

（1）LSBS 的调节效应分析

本研究采用层级回归的方法分别对 LSBS 的调节作用进行验证。为避免共线性问题，首先对回避依恋、焦虑依恋、LSBS、内部动机以及创造性自我效能等变量都进行了中心化处理（Baron、Kenny，1981）。

如表 6–3 所示，在模型 1 中首先将控制变量、焦虑依恋和 LSBS 纳入以创造力为因变量的回归模型。然后，在模型 2 中加入了焦虑依恋和 LSBS 的交互项。统计结果显示焦虑依恋和 LSBS 的交互项对创造力有显著的正向影响（β =0.07，p<0.05）。这表明 LSBS 对焦虑依恋和创造力之间关系具有调节作用，假设 6–1 得以验证。

模型 4 和模型 5 描述了 LSBS 对焦虑依恋和创造力之间关系的调节结果。在模型 4 中加入了控制变量、回避依恋和 LSBS 的基础上，将回避依恋和 LSBS 的交互项纳入模型 5，回归分析结果显示回避依恋和 LSBS 的交互项对创造力也有显著的正向影响（β =0.14，p<0.001）。因此，LSBS 对

回避依恋和创造力之间关系的调节作用也成立，假设 6–2 得以验证。

为了进一步检验调节效应的结果，本研究根据 Aiken 和 West（1991）提供的方法对两个调节效应分别进行了简单斜率分析。统计结果表明，在高 LSBS 的条件下（高于均值一个标准差，下同），焦虑依恋对创造力的影响不显著（β=–0.04，n.s.）。而在低 LSBS 的水平下（低于均值一个标准差，下同）焦虑依恋对创造力有显著的负向影响（β=–0.15，$p<0.01$）。具体如图 6–2 所示。LSBS 对焦虑依恋和创造力之间关系的调节作用得以进一步证实。

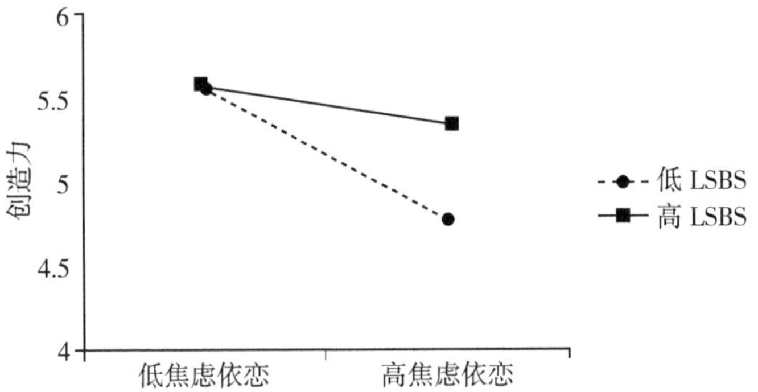

图 6–2　LSBS 对焦虑依恋 – 创造力的调节作用

同样，根据简单斜率分析的结果，当 LSBS 水平较低时，回避依恋对员工创造力的负向影响显著（β=–0.22，$p<0.001$）。而在高水平的 LSBS 条件下，焦虑依恋对员工创造力没有显著影响（β=0.01，n.s.）。调节效应结果如图 6–3 所示。由此再次验证了 LSBS 对回避依恋和创造力之间关系的调节作用。

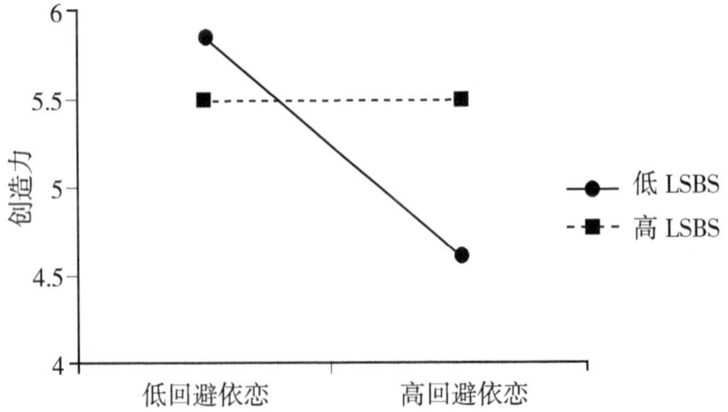

图 6–3　LSBS 对回避依恋 – 创造力的调节作用

表 6–3　层级回归分析结果

	创造力						CSE		内部动机	
	模型 1	模型 2	模型 3	模型 4	模型 5	模型 6	模型 7	模型 8	模型 9	模型 10
性别	0.02	0.01	–0.01	0.04	0.06	0.08	0.09	0.08	–0.10	–0.09
年龄	–0.01	–0.01	–0.01	0.00	–0.01	0.00	–0.01	–0.01	–0.03	–0.03
学历	–0.04	–0.04	–0.05	–0.03	–0.04	–0.01	0.02	0.02	0.02	0.02
任职年限	–0.01	–0.01	–0.01	–0.01	–0.01	–0.01	0.00	–0.01	–0.01	–0.01
共事时间	0.01	0.01	0.00	0.00	0.00	0.01	0.05	0.05	–0.16	–0.17
工作复杂性	0.34***	0.35***	0.27***	0.33***	0.33***	0.25***	0.34***	0.34***	0.39***	0.39***
焦虑依恋	–0.08*	–0.09**	–0.09**				0.02	–0.02		
回避依恋				–0.10**	–0.11**	–0.10**			–0.03	–0.04
LSBS	0.15**	0.16**	0.11*	0.12*	0.12*	0.09*	0.23***	0.23***	0.16**	0.15**
焦虑依恋 × LSBS		0.07*	0.03					0.18***		
回避依恋 × LSBS					0.14***	0.12**				0.14***
CSE			0.21***							
内部动机						0.21**				
R^2					0.29	0.32	0.26	0.30	0.33	0.36
ΔR^2					0.03	0.03	0.26	0.04	0.33	0.03
ΔF					13.59***	10.87***	21.68***	13.59***	7.49***	15.27***

注：N=315。CSE= 创造性自我效能。* 、 * * 、*** 分别表示 $p<0.05$、$p<0.01$、$p<0.001$（双尾检验）。

假设 6–3 和 6–4 是检验 LSBS 分别对焦虑依恋 – 创造性自我效能以及回避依恋 – 内部动机这两个关系的调节作用。在模型 8 中，焦虑依恋和 LSBS 的交互项对创造性自我效能有显著正向影响（β =0.18，$p<0.001$）。表明 LSBS 对焦虑依恋和创造性自我效能之间的关系有正向调节作用。在模型 10 中，回避依恋和 LSBS 的交互项对内部动机有显著的正向影响（β =0.14，$p<0.001$）。因此，LSBS 在回避依恋和内部动机之间关系中的调节效应成立。假设 6–3 和 6–4 也得以验证。

采用简单斜率分析对上述两个调节效应做进一步验证。结果表明，在高 LSBS 的条件下，焦虑依恋对创造性自我效能的影响不显著（β =–0.03，$p>0.05$）。而在低 LSBS 的条件下，焦虑依恋对创造性自我效能的负向影响显著（β =–0.11，$p<0.01$），具体如图 6–4 所示。这表明当 LSBS 水平较低

时，焦虑依恋员工的创造性自我效能感的负向影响更大。

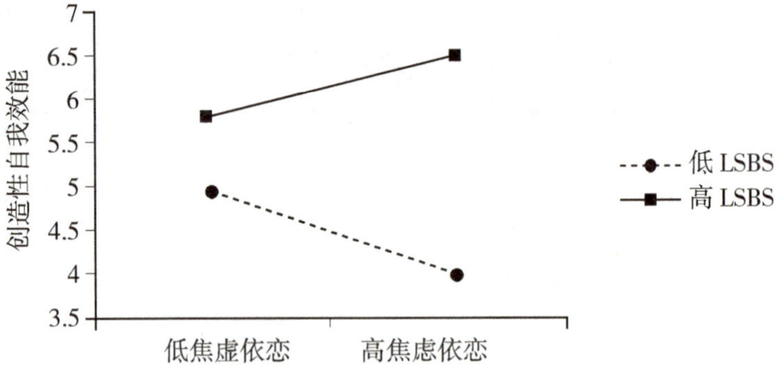

图 6-4　LSBS 对焦虑依恋－创造性自我效能的调节作用

采用同样的方法验证了回避依恋的调节结果。在高 LSBS 的水平下，回避依恋对内部动机的影响不显著（β=-0.03，p>0.05）。而在低 LSBS 的水平下，回避依恋对内部动机的负向影响也显著（β=-0.24，p<0.001）。具体如图 6-5 所示。这表明回避依恋在低 LSBS 的情境下对员工内部动机的消极作用更大。

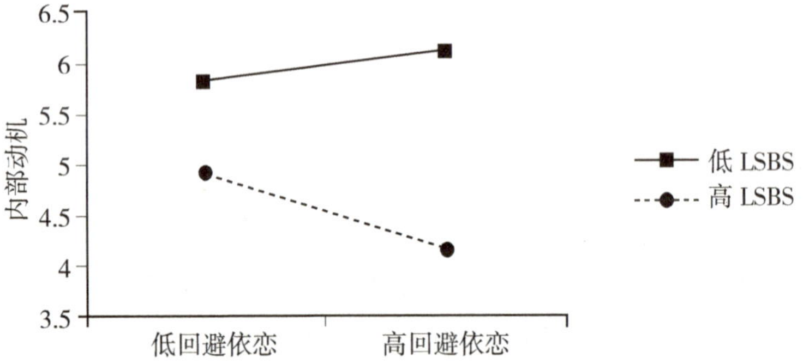

图 6-5　LSBS 对回避依恋－内部动机的调节作用

（2）中介效应分析

在模型 3 中，本研究将控制变量、焦虑依恋、LSBS、焦虑依恋和 LSBS 的交互项以及中介变量创造性自我效能纳入以创造力为结果的回归方程中。统计结果显示，创造性自我效能对创造力有显著的正向影响，并且焦虑依恋和 LSBS 的交互项对创造力的影响由模型 2 中的显著（β=0.07，

$p<0.05$）变为不显著（$\beta=0.03$，n.s.）。另外，根据前面的分析，在模型 2 和模型 8 中，焦虑依恋和 LSBS 的交互项分别对创造力和创造性自我效能有显著影响。因此，根据中介效应的检验方法（Baron、Kenny，1981），本研究认为焦虑依恋和 LSBS 的交互项通过创造性自我效能对创造力产生影响。假设 4–7 得以验证。

在模型 4 ～ 6 中，仍以创造力为结果变量，依次将控制变量、回避依恋、LSBS、回避依恋和 LSBS 的交互项以及中介变量内部动机纳入回归方程。统计结果表明，当加入中介变量内部动机后，回避依恋和 LSBS 的交互项对创造力影响的系数降低（$\beta=0.14$，$p<0.001$；$\beta=0.12$，$p<0.01$）。而在模型 10 中，回避依恋和 LSBS 的交互项对内部动机的影响显著（$\beta=0.14$，$p<0.001$），因此，根据中介效应成立的条件（Baron、Kenny，1981），内部动机在回避依恋和 LSBS 的交互项对创造力的影响中起部分中介作用。假设 6–8 得以部分证实。

（3）被中介的调节效应分析

根据研究假设，焦虑依恋和 LSBS 的交互项通过创造性自我效能对创造力产生影响；回避依恋和 LSBS 的交互项通过内部动机对创造力产生影响。因此本研究采用 Edwards 和 Lambert（2007）的调节的路径分析方法来进一步检验有中介的调节效应。运用 SPSS 软件通过 Hayes （2013）编写的 PROCESS 程序，计算了调节的路径分析，并检验了中介效应的效应值。

采用拔靴法（bootstrap method）计算 LSBS 在不同路径调节的直接效应、间接效应和总效应。具体而言，将本研究中的 315 个样本作为原始样本，进行有放回的随机抽样 5000 次，得到 5000 组样本。根据这 5000 组样本计算出直接效应、间接效应和总效应的估计值及其偏差校正置信区间。最后根据置信区间推断直接效应、间接效应、总效应及其差异的显著性（Edwards、Lambert，2007；李锐、凌文辁、柳士顺，2009）。

表 6–4 呈现了拔靴法计算的结果。在低 LSBS 的条件下，焦虑依恋对创造力的直接效应显著（$b=-0.11$，$p<0.01$），焦虑依恋通过创造性自我

效能对创造力的间接效应也显著（$b=-0.03$，$p<0.01$）。在高LSBS的条件下，焦虑依恋对创造力的直接效应不显著（$b=-0.06$，n.s.），但间接效应显著（$b=-0.03$，$p<0.01$）。同时，在不同的LSBS条件下，焦虑依恋对创造力直接效应的差值达到了显著水平（$\Delta=0.05$，$p<0.05$），间接效应也达到了显著水平（$\Delta=0.06$，$p<0.01$）。由此，证实了在不同的LSBS水平下，焦虑依恋通过创造性自我效能对创造力产生不同影响。

表6-4　调节效应的路径分析结果

	焦虑依恋（X1）→创造性自我效能（M1）→创造力（Y）		
调节变量	直接效应	间接效应	总效应
低LSBS	−0.11**	−0.03**	−0.14**
高LSBS	−0.06	0.03**	−0.03
差异	0.05*	0.06**	0.11**
	回避依恋（X2）→内部动机（M2）→创造力（Y）		
调节变量	直接效应	间接效应	总效应
低LSBS	−0.19**	−0.03*	−0.22**
高LSBS	−0.01	0.01	0.00
差异	0.18**	0.04*	0.22**

在低LSBS的条件下，回避依恋对创造力有显著的直接影响效应（$b=-0.19$，$p<0.01$），回避依恋通过内部动机对创造力的间接效应也显著（$b=-0.03$，$p<0.05$）。而在高LSBS的条件下，回避依恋对创造力的直接效应和间接效应均不显著（$b=-0.01$，n.s.；$b=0.01$，n.s.）。在不同的LSBS条件下，直接效应和间接效应的差值均达到了显著水平（$\Delta=0.18$，$p<0.01$；$\Delta=0.04$，$p<0.05$）。因此，在不同水平的LSBS情况下，回避依恋通过内部动机对创造力产生的影响有显著差异。

进一步检验内部动机和创造性自我效能在模型中的中介效应值，结果如表6-5显示，焦虑依恋和LSBS的交互项通过创造性自我效能的中介作用，进而对员工创造力产生影响，其中介效应显著，$b=0.04$，95%CI=[0.02，0.07]，不包括0。回避依恋和LSBS的交互项通过内部动机的中介效应对创造力产生影响，内部动机在这一路径中所起的中介效应显著，$b=0.03$，95%CI=[0.01，0.06]，不包括0。由此进一步验证了假设6-7和假设6-8。

表 6–5 被中介的调节效应分析结果

路径	效应值	置信区间
焦虑依恋 ×LSBS→创造性自我效能→创造力	0.04**	[0.02，0.07]
回避依恋 ×LSBS→内部动机→创造力	0.03**	[0.01，0.06]

6.5 讨论

本研究的主要目的在于探讨如何通过 LSBS 来改善下属 – 领导不安全依恋员工在工作中的创造力。研究以依恋理论作为整合的理论框架，分三个时间点收集了来自 16 家企业的 315 对领导 – 下属匹配数据，采用有中介的调节模型的检验方法，分别验证了焦虑依恋和 LSBS 的交互项通过创造性自我效能对员工创造力的影响以及回避依恋和 LSBS 的交互项通过内部动机对员工创造力的影响。研究结果表明：当 LSBS 水平较低时，下属 – 领导焦虑依恋通过创造性自我效能感对员工创造力的影响更为明显；同时，下属 – 领导回避依恋通过内部动机对员工创造力的消极影响也更大。以上研究结果对组织中的领导力、下属 – 领导依恋关系以及创造力的研究都进行了丰富和拓展，对企业人力资源管理也具有重要的现实意义。

6.5.1 理论意义

本研究的理论贡献体现在以下方面：

首先，本研究基于依恋理论中“安全基地”的概念（Feeney、Thrush，2010），证实了当领导支持行为中提供了安全基地的基本功能——可得性、不干预和鼓励成长时，能有效改善下属 – 领导不安全依恋的员工在工作中的创造力。同时，研究发现 LSBS 对这两类员工产生影响的作用机制是不同的。对于焦虑依恋的员工，LSBS 有助于促进他们自我效能感。由于焦虑依恋的个体往往对自我有消极评价，在意在领导面前的价值感，并倾向于通过努力获得领导认同，因此 LSBS 中“鼓励成长”有助于提升他们的自我认知，从而获得更高的创造性自我效能。而对于回避依恋的员工而言，他们并没有特别在意领导对他们的评价；相反，他们倾向于不主动向领导者寻求帮助，更多采用自立的策略来解决工作中的困难。而 LSBS 中“不干预”的特征，符合高回避依恋员工的需求。由此，他们可以更好地专注于工作，而不需要面对领导无端的干涉行为，也不必过多处理不擅长的与领导之间的互动。这一结果也符合了当领导支持行为和员工内在需求契合时，才能真正对员工从事创造性活动产生积极的影响（Chen、Li、Leung，2016）。

尽管一些研究认为，不安全依恋风格的个体，无论是焦虑还是回避风格，在知觉他人的行为方面都存在偏差（Feeney，2004）。例如，Game（2016）对护士的调查就发现，对领导为回避依恋的护士会倾向于对领导行为有消极的归因模式。在本研究中，尽管根据相关分析也发现了 LSBS 和下属－领导焦虑依恋、回避依恋为负相关，但是 LSBS 和两种不安全依恋关系的交互项仍然对员工的内部动机和创造性自我效能有正向影响。这表明，高 LSBS 情境能有效削弱焦虑依恋和回避依恋对创造力的消极影响。

其次，本研究进一步深化了下属－领导安全依恋对员工创造力产生影响的作用。如前所述，在组织情境下，安全依恋关系是员工从事创造性活动的基础，但是安全依恋关系是下属和领导者之间形成的一种关系状态。对于领导者而言，只有明确哪些具体的行为能促进个体的安全依恋，才能使领导者能更为主动地为下属员工营造适合创造性活动的氛围，从而更好地激发员工的创造力。因此，安全基地支持行为能在操作层面上诠释如何为员工提供从事探索性、挑战性工作的心理安全感。这一研究结果澄清了已有研究中关于领导支持和员工创造力关系不一致的原因（Chen、Li、Leung，2016）。领导作为员工在组织情境中重要的社会交往对象，其支持行为需要被员工有效接受，同时对与创造力相关的心理机制产生影响，才能有效提升他们在工作中的创造性绩效。不过，正如下属－领导安全依恋关系的形成并不仅仅取决于领导者的行为，还有下属因素、情境因素和文化因素等（Mayseless、Popper，2007），LSBS 对员工创造力的影响可能还会有其他边界条件，需要在未来的研究中进一步探讨。

最后，基于社会认知理论和自我决定理论，本研究证实了 LSBS 影响不安全依恋员工创造力的内在作用机制：创造性自我效能和内部动机。以往关于安全基地功能的研究大多基于实验室研究范式，因此缺乏对其产生作用的心理机制的探讨（Feeney，2004）。从安全基地的概念出发，本研究证实了对于下属－领导不安全依恋员工而言，“可得性”“不干预”和“鼓励成长”这些安全依恋对象所具备的功能，可以通过支持行为体现，并且这些行为能有效提升员工的自我概念，保护员工在工作中的内部动机，从而为员工提供适合进行创造性活动的氛围。

6.5.2　实践意义

在创新管理的实践中，如何有效激励员工创造力一直是企业人力资源管理的核心内容（杨晶等，2015）。本研究结果为企业领导者如何促进员工的创造力提供了几点重要的启示。

第一，从本研究的结果来看，与领导有不同依恋关系的员工，领导促进其创造力的作用机制有所差别。焦虑依恋的员工更需要促进创造性活动中的自我效能，而回避依恋的员工需要提高其工作动机。因此，这提示管理者应该对员工实施有区别性的管理，关注员工的个体差异。对领导有焦虑依恋的员工，可以给他们更多的认同和鼓励。而对于回避依恋的员工，需要保持“不干预”的原则，增加他们对工作本身的专注。

第二，在日常工作中，领导支持行为需要提高针对性。根据 LSBS 的特征描述，“可得性”“不干预”和“鼓励成长”能为员工的创造力提供“安全基地”的功能，促进他们在创造性工作中的创造性自我效能以及工作的内部动机。由此可见，领导者对员工的支持不一定需要无微不至，那些对下属表现出过分关注的领导，反而可能因为“过度干预”而对员工行为和绩效产生消极的影响（Harms、Han，2016）。而“可得性”和“不干预”的支持行为也可以使领导有限的时间和精力得到更好的利用，即在员工有需求的时候再提供帮助。

第三，本研究的结果有助于对领导者的选拔和培训。一方面，对于创新型团队，需要选择能提供 LSBS 的管理者，而那些容易过度控制、不鼓励员工成长的管理者可能并不适合创新团队的领导工作。另一方面，人力资源管理部门在对管理层进行培训时，可以针对 LSBS 的特征训练领导者与员工进行互动时的人际技巧，从而使领导者在促进员工创造性绩效方面更有操作性。

6.5.3 研究的局限与展望

尽管本研究取得了一些有价值的研究成果，但由于资源和研究时间的限制，仍有一些不足需要后续的研究加以改进，一些潜在的边界条件和中介机制还需要深入地进行探讨。

首先，基于现有的研究，我们还不能完全推断变量之间的因果关系。由于在组织中，个体和领导之间的关系是动态发展的（Zhao、Kessel、Kratzer，2014），因此尽管我们发现了下属 – 领导不安全依恋与 LSBS 之间的交互作用通过内部动机和创造性自我效能对员工的创造力产生积极影响，但是在具体的工作情境下，那些做出创造性绩效的员工也有可能得到领导更多的鼓励与支持（Martin et al.，2016）。因此，未来还可以进行纵向追踪的研究，探讨 LSBS 在改善不安全依恋员工的创造力方面的长期影响效应。

其次，有研究者认为，当下属和领导之间形成特定依恋关系时，下属会形成一种积极 / 消极认知模式，这种认知模式会影响下属对领导行为的归因（Game、West、Thomas，2016）。未来还可以运用质性研究的方法，探讨当员工与领导形成不安全依恋关系时，他们如何感知和解读 LSBS。由此可以更深入地了解下属 – 领导焦虑依恋和 LSBS 之间的交互效应如何促进员工的创造性自我效能，以及下属 – 领导回避依恋和 LSBS 之间的交互效应如何提升员工的内部动机。

再次，尽管我们强调了 LSBS 这种行为可以提升对领导为不安全依恋员工的创造力，但是本研究没有探讨具体的情境因素。如这种促进和提升作用在什么时候会发生，这种促进效果在怎样的团队中可能更为有效（Gajendran、Joshi，2012），这种影响在创造性活动的哪个阶段可能更重要（Perry、Mannucci，2017）。未来的研究需要进一步明确这些边界条件，以更全面地了解 LSBS 影响下属 – 领导不安全依恋和创造力之间关系的具体情境。

最后，本研究只考虑了当下属 – 领导为不安全依恋关系时，LSBS 对改善员工创造力的作用，而没有考虑领导者本身的因素。对于组织而言，哪些领导者可能更容易表现出 LSBS，领导者在什么情况下更有可能表现出 LSBS，从实践的角度可以提升组织内领导力的培养体系，进而促进员工的创造力。

6.6 本章小结

本章基于依恋理论、社会认知理论和自我决定理论，在对依恋的核心功能——安全基地进行分析的基础上，探讨了当下属 – 领导为不安全依恋关系时，如何通过 LSBS 提高下属员工的创造力。通过问卷调查的方法，分三个时间段对 315 名员工及其直属领导进行了数据采集。研究发现 LSBS 对下属 – 领导不安全依恋和员工创造力之间的关系有显著调节作用。员工的创造性自我效能和内部动机在其中起中介作用。具体而言，当 LSBS 水平较低时，下属 – 领导焦虑依恋通过创造性自我效能感对员工创造力的负向影响更为明显；同时，下属 – 领导回避依恋通过内部动机对员工创造力的消极影响也更大。

7　总结与展望

随着外部环境的迅速变化，高度的竞争压力，技术的不断升级和更替，越来越多的组织和管理者意识到激励员工在工作中发挥创造力对企业的重要性（Litchfield、Ford、Gentry，2014；Liu et al.，2016）。领导者作为组织中重要的情境因素，其与下属员工之间的关系被认为对员工创造力有着重要影响。随着近年来依恋理论在组织研究中的应用，下属－领导依恋关系被认为是领导有效性的基础，并对员工在组织中的情绪及行为产生影响（Bresnahan、Mitroff，2007）。在重视“关系”的中国文化背景下，从依恋理论的视角探讨企业中的领导和下属之间的依恋关系如何影响员工创造力具有重要的理论和现实意义。本书通过 4 个实证研究，从不同视角来系统探讨了中国组织情境中下属－领导之间形成的特定依恋关系的结构，下属－领导依恋关系在工作情境中对员工创造力的影响及其作用机制，最后考察了如何通过领导的安全基地支持行为改善不安全依恋员工的创造力。通过这些实证研究，本书得到了一些有价值的研究结论，弥补了以往研究的不足。但同时在研究中还存在一些尚未解决的问题，有待于在未来的研究中进一步探讨。

7.1　总体研究结论

本研究通过理论分析与实证研究，探讨了在中国的组织情境下下属－

领导依恋关系对员工创造力的影响及其作用机制，得出了以下主要结论：

（1）以中国组织中的员工为样本，编制了下属－领导依恋关系量表。基于依恋理论的构念，通过回顾和比较不同依恋测量方式的理论观点，编制了三维结构下属－领导依恋关系量表，并根据心理测量学中量表开发的步骤进行检验，发现下属－领导依恋关系量表具有良好的信度和效度。

（2）在工作情境中，下属－领导安全依恋关系对员工创造力具有积极的促进作用。环境不确定调节了下属－领导安全依恋对员工创造力的正向影响。在高环境不确定的条件下，下属－领导安全依恋对员工创造力的影响更为明显。和谐激情在上述调节作用对创造力的影响中起中介作用。

（3）下属－领导焦虑依恋和员工创造力之间有“倒U型”的关系，而下属－领导回避依恋对员工创造力有消极影响。员工的创造性投入在上述两种不安全依恋关系对创造力的影响中起中介作用。另外，工作创新要求调节了下属－领导焦虑依恋对创造性投入的影响。工作创新要求越高，中等程度的下属－领导焦虑依恋对员工创造性投入的影响越大。工作创新要求同时还调节了下属－领导回避依恋对创造力的影响。在高工作创新要求的条件下，下属－领导回避依恋对员工创造性投入的消极影响得以降低。

（4）从依恋关系中安全基地的角度出发，发现领导安全基地支持是下属－领导不安全依恋对员工创造力影响的边界条件，并且这种影响分别通过创造性自我效能和内部动机发生作用。具体而言，下属－领导焦虑依恋通过自我效能感对创造力的影响只在低 LSBS 的条件下才成立。同样，下属－领导回避依恋通过内部动机对创造力的影响也在低水平的 LSBS 时才显著。这表明，LSBS 能够有效削弱下属－领导不安全依恋对创造力的消极影响。

7.2 研究局限

尽管本书在设计中力求逻辑严谨性，但由于问卷收集的难度以及研究者资源的限制，在研究的具体实施过程中依然存在一些不足和缺陷，主要体现在如下方面：

（1）数据收集的方式。为了避免共同方法偏差的影响，本书的数据收集全部来自领导和下属配对的数据，并且在第 6 章和第 7 章研究中采用了不同时间点测量的方式，增加了研究结果的可信度。但由于员工和领导之间关系处于动态发展变化中，很有可能受到员工创造性绩效的逆向影响。因此还不能完全推断变量之间的因果关系。一种可行的方法是进行纵向追踪调查，对观测变量进行重复测量（如工作日志法）。一方面可以考察下属－领导依恋关系的长效影响，另一方面可以更清晰地揭示下属－领导依恋关系与员工日常创造力之间的因果关系。

（2）控制变量选择。在本研究中没有区分员工所在的企业性质以及组织规模的影响。在不同性质和规模的企业中，员工对领导和组织的期待会存在差异（朱苏丽等，2015）。例如，对于竞争性企业和工作稳定性较高的事业单位而言，下属和领导之间的依恋关系可能有所不同。另外，在竞争性较高的企业中，员工的离职率通常也比较高，下属和领导之间的关系对其创造力的影响可能也不如一些领导和下属关系更为稳定的国有企业或事业单位。

（3）文化局限性。由于本书取样全部来自中国国内工作的员工，没有涉及其他地区的比较。而一些研究者发现，下属－领导关系在不同的文化背景下的影响有差异。如 Chen 和 Tjosvold（2006）从中国和美国跨文化的视角比较了领导－下属关系对共同决策和建设性意见冲突的差异。结果发现，领导和下属之间的情感交换对“中国领导－中国下属”的影响显著，而对“美国领导－中国下属”的影响不显著。由此可见，本书所得出的下属－领导依恋关系对于员工创造力影响的结论还需要在低权力距离、低集体主义文化的地区进行进一步验证。

7.3 未来研究方向

尽管本研究得到了一些有价值的结论，但是仍然有一些相关的研究问题未能得到解决。未来的研究者可以在本研究的基础上，从以下几个方面

拓展下属 - 领导依恋关系与员工创造力的研究：

（1）在员工创造力的测量方面，本书中的研究并没有对创造力的类型进行详细的划分，而是由领导根据对员工日常表现的印象进行评价。创造力领域的研究学者认为，创造力包含不同的层次，既可以是对现有产品、流程微小的改进，也可以是突破性的新发现（Mumford、Gustafson，1988）。创造性任务面临的问题既可以是封闭的问题，也可以是开放的问题（Unsworth，2001）。未来的研究可以进一步区分不同层次和类型的创造力，探讨下属 - 领导依恋关系对不同创造力的影响，或者在创造力不同阶段产生的影响。如此，能更深入地理解下属 - 领导依恋关系如何影响员工创造力。

（2）员工在填写自陈式量表时，无论是下属 - 领导依恋关系、和谐激情等，都是基于过去的事件和经验感受进行评价。但是个体的记忆提取过程可能存在一定的偏差。Game（2016）的研究指出，和领导有安全依恋关系的员工可能较容易提取引发积极情绪的经验，而回避依恋关系的员工，可能较容易提取出引发消极情绪的经验。在这个方面未来的研究者可以考虑采用工作日志的研究方法（Lavy、Mikulincer、Shaver，2013）。日志法提供了修正记忆偏差的机会，通过每日的即时记录，被试能够记录当下的真实感受。当以日志记录一段时间后，研究者也可以利用多个时间点的资料，从心理动态变化的角度分析时间性的变化。例如，下属 - 领导依恋关系在创造性工作开始时的影响，当创造性工作遇到挫折时，不同依恋关系的员工的情绪、动机和行为变化的状态。由此能更好地验证下属 - 领导依恋关系对个体在创造性任务过程中的心理活动以及行为卷入的影响。

（3）由于样本的有限性，本研究在统计分析阶段并没有比较不同年龄阶段的被试在下属 - 领导依恋关系类型方面的差异，也没有比较年龄阶段是否会造成下属 - 领导依恋关系对创造性影响的差异。依恋通常与个体的年龄有一定的关系。个体在不同年龄阶段，对依恋的需求会发生变化（Antonucci、Akiyama、Takahashi，2004）。最新的一项在 81 个国家对亲密关系的依恋研究中发现，年轻人的焦虑依恋得分显著高于中年人和老年人。而中老年人的回避依恋得分显著高于年轻人（Chopik、Edelstein，

2014）。在组织情境下，不同职业发展阶段的员工，他们对领导者和组织的依恋需求可能也会存在一定的差异。例如，处于职业发展初期的年轻人，他们与领导者之间形成的依恋关系可能更偏向于焦虑依恋，而对于有一定年资的老员工，与领导者之间会更多表现出回避依恋。这可能也会导致在不同年龄阶段，下属与领导之间的依恋关系对他们在组织中的创造力的影响会有较大的差异。另外，处于不同职业发展阶段的领导者，他们与下属之间形成的依恋关系也会有所不同。如在职业发展中期的领导者，更有可能因其长者的姿态，拥有更多的社会资源，容易成为下属依恋的对象，也能给予下属更多的安全感。在未来的研究中，研究者可以考虑比较不同被试年龄以及职业发展阶段，通过多重来源的资料分析，拓展下属－领导依恋关系的研究。

参考文献

[1] AIKEN L S, WEST S G.Multiple regression: Testing and interpreting interactions [M] .Thousand Oaks, CA: SAGE Publishing, 1991.

[2] AINSWORTH M D S, BLEHAR M C, WATERS E, et al.Patterns of attachment: A psychological study of the strange situation [M] . Hillsdale, NJ: Lawrence Erlbaum Associates, 1978.

[3] ALBERT L S, ALLEN D G, BIGGANE J E, et al.Attachment and responses to employment dissolution [J] .Human Resource Management Review, 2015, 25 (1): 94–106.

[4] AMABILE T M.A Model Of Creativity And Innovation In Organizations [J] . Research in Organizational Behavior, 1988, 10 (10): 123–167.

[5] AMABILE T M, CONTI R, COON H, et al.Assessing the Work Environment for Creativity [J] .The Academy of Management Journal, 1996, 39 (5): 1154–1184.

[6] AMABILE T M, KHAIRE M.Creativity and the role of the leader [J] . Harvard Business Review, 2008, 86 (10): 100.

[7] AMABILE T M, PRATT M G.The dynamic componential model of creativity and innovation in organizations: Making progress, making meaning [J] .Research in Organizational Behavior, 2016, 36: 157–

183.

［8］AMABILE T M，SCHATZEL E A，MONETA G B，et al.Leader behaviors and the work environment for creativity：Perceived leader support［J］. Leadership Quarterly，2004，15（1）：5-32.

［9］ANDERSON N，POTOČNIK K，ZHOU J.Innovation and Creativity in Organizations A State-of-the-Science Review，Prospective Commentary，and Guiding Framework［J］.Journal of Management，2014，40（5）：1297-1333.

［10］ANTONUCCI T，AKIYAMA H，TAKAHASHI K.Attachment and close relationships across the life span［J］.Attachment & Human Development，2004，6（4）：353-370.

［11］BAAS M，DREU C K W D，NIJSTAD B A.A Meta-Analysis of 25 Years of Mood-Creativity Research：Hedonic Tone，Activation，or Regulatory Focus?［J］.Psychological Bulletin，2008，134（6）：779-806.

［12］BAAS M，DE DREU C K W，NIJSTAD B A.When prevention promotes creativity：The role of mood，regulatory focus，and regulatory closure［J］. Journal of Personality and Social Psychology，2011，100（5）：794-809.

［13］BAAS M，ROSKES M，SLIGTE D，et al.Personality and Creativity：The Dual Pathway to Creativity Model and a Research Agenda［J］.Social & Personality Psychology Compass，2013，7（10）：732-748.

［14］BAER M，OLDHAM G R.The curvilinear relation between experienced creative time pressure and creativity：moderating effects of openness to experience and support for creativity［J］.Journal of Applied Psychology，2006，91（4）：963.

［15］BALLINGER G A，ROCKMANN K W.The development of supervisor attachment working models and the role they play during socialization［C］//Paper presented in Academy of Management Annual Meeting

Proceedings，2006.

[16] BANDURA A.Self-Efficacy Mechanism in Human Agency [J] .American Psychologist，1982，37（2）：122-147.

[17] BANDURA A.Social Cognitive Theory of Personality [J] .Personality & Social Psychology Review，2001，5（1）：33-51.

[18] BARON R M，KENNY D A.The moderator-mediator variable distinction in social psychological research：conceptual，strategic，and statistical considerations [M] .London：Chapman and Hall，1981.

[19] BARTHOLOMEW K，HOROWITZ L M.Attachment Styles Among Young Adults [J] .Journal of Personality & Social Psychology，1991，61（2）：226-44.

[20] BHARADWAJ S，MENON A.Making Innovation Happen in Organizations：Individual Creativity Mechanisms，Organizational Creativity Mechanisms or Both? [J] .Journal of Product Innovation Management，2000，17（6）：424-434.

[21] BIFULCO A，MORAN P M，BALL C，et al.Adult attachment style. I：Its relationship to clinical depression [J] .Social Psychiatry and Psychiatric Epidemiology，2002，37（2）：50-59.

[22] BINNEWIES C，WORNLEIN S C.What makes a creative day? A diary study on the interplay between affect，job stressors，and job control [J] . Journal of Organizational Behavior，2011，32（4）：589-607.

[23] BLALOCK D V，FRANZESE A T，MACHELL K A，et al.Attachment style and self-regulation：How our patterns in relationships reflect broader motivational styles [J] .Personality and Individual Differences，2015，87：90-98.

[24] BLEDOW R J，ROSING K，FRESE M.A dynamic perspective on affect and creativity [J] .Academy of Management Journal，2013，56（2）：432-450.

[25] BOATWRIGHT K J, LOPEZ F G, SAUER E M, et al.The Influence of Adult Attachment Styles on Workers' Preferences for Relational Leadership Behaviors [J] .Werkstoffe Korrosion, 2010, 16 (1) : 1–14.

[26] BOWLBY J.Attachment and loss.vol 1: Attachment [M] .New York: Basic Books, 1969.

[27] BOWLBY J.A secure base [M] .New York: Basic Books, 1988.

[28] BOWLBY J.Attachment and loss: retrospect and prospect [J] .American Journal of Orthopsychiatry, 1982, 52 (4) : 664–677.

[29]BOWLBY J.Attachment and loss.Vol 2: Separation: Anxiety and anger[M]. New York: Basic Books, 1973.

[30] BRENNAN K A, CLARK C L, SHAVER P R.Self–report measurement of adult attachment: An integrative overview [M] //Attachment Theory and Close Relationships, New York: Guilford, 1998, 46–76.

[31] BRESNAHAN C G, MITROFF I I.Leadership and attachment theory [J] . American Psychologist, 2007, 62 (6) : 607–608.

[32] BRISLIN R W.Translation and content analysis of oral and written material [J] .Handbook of cross–cultural psychology, 1980, 2 (2) : 349–444.

[33] BYRON K, KHAZANCHI S, NAZARIAN D.The relationship between stressors and creativity: A meta–analysis examining competing theoretical models [J] .Journal of Applied Psychology, 2010, 95 (1) : 201–212.

[34] CARNELLEY K B, RUSCHER J B.Adult attachment and exploratory behavior in leisure [J] .Journal of Social Behavior & Personality, 2000, 15 (2) : 153–165.

[35] CARVER C S.Adult Attachment and Personality: Converging Evidence and a New Measure [J] .Personality & Social Psychology Bulletin, 1997, 23 (8) : 865–883.

[36] CERNE M, NERSTAD C G L, DYSVIK A, et al.What Goes Around Comes Around: Knowledge Hiding, Perceived Motivational Climate, and Creativity [J].Academy of Management Journal, 2014, 57 (1): 172–192.

[37] CHEN S Y, HOU Y H.The effects of ethical leadership, voice behavior and climates for innovation on creativity: A moderated mediation examination [J].Leadership Quarterly, 2016, 27 (1): 1–13.

[38] CHEN T, LI F, LEUNG K.When Does Supervisor Support Encourage Innovative Behavior? Opposite Moderating Effects of General Self–Efficacy and Internal Locus of Control [J].Personnel Psychology, 2015: 129–138.

[39] CHEN X P, LIU D, HE W.Does Passion Fuel Entrepreneurship and Job Creativity? A Review and Preview of Passion Research [M] // SHALLEY C E, HITT M A, ZHOU J.The Oxford Handbook of Creativity, Innovation and Enterpreneurship.Oxford: Oxford University Press, 2015: 159–176.

[40] CHEN Y F, TJOSVOLD D.Participative Leadership by American and Chinese Managers in China: The Role of Relationships [J].Journal of Management Studies, 2006, 43 (8): 1727–1752.

[41] CHIANG Y H, HSU C C, SHIH H A.Experienced high performance work system, extroversion personality, and creativity performance [J].Asia Pacific Journal of Management, 2015, 32 (3): 825–825.

[42] CHIRUMBOLO A, LIVI S, MANNETTI L, et al.Effects of need for closure on creativity in small group interactions [J].European Journal of Personality, 2004, 18 (4): 265–278.

[43] CHOI J N.Person–Environment Fit and Creative Behavior: Differential Impacts of Supplies–Values and Demands–Abilities Versions of Fit [J].Human Relations, 2004, 57 (5): 531–552.

[44] CHOPIK W J, EDELSTEIN R S.Age Differences in Romantic Attachment Around the World [J] .Social Psychological and Personality Science, 2014: 892–900.

[45] COHENMEITAR R, CARMELI A, WALDMAN D A.Linking meaningfulness in the workplace to employee creativity: The intervening role of organizational identification and positive psychological experiences [J] .Creativity Research Journal, 2009, 21 (4): 361–375.

[46] Collins N L.Working models of attachment: implications for explanation, emotion and behavior [J] .J Pers Soc Psychol, 1996, 71 (4): 810–832.

[47] COLLINS N L, FEENEY B C.A safe haven: An attachment theory perspective on support seeking and caregiving in intimate relationships[J]. Journal of Personality and Social Psychology, 2000, 78 (6): 1053–1073.

[48] COLLINS N L, READ S J.Adult attachment, working models, and relationship quality in dating couples [J] .J Pers Soc Psychol, 1990, 58 (4): 644–663.

[49] COLLINS N L, READ S J.Cognitive representations of attachment: The structure and function of working models [M] //BARTHOLOMEW K, PERLMAN D.Attachment processes in adulthood.London: Jessica Kingsley Publishers, 1994: 53–90.

[50] COLQUITT J A, LEPINE J A, PICCOLO R F, et al.Explaining the justice–performance relationship: Trust as exchange deepener or trust as uncertainty reducer? [J] .Journal of Applied Psychology, 2012, 97 (1): 1–15.

[51] COY A E, GREEN J D, DAVIS J L.With or without you: The impact of partner presence and attachment on exploration [J] .Journal of Experimental Social Psychology, 2012, 48 (1): 411–415.

[52] COZZARELLI C, HOEKSTRA S J, BYLSMA W H.General versus specific mental models of attachment: Are they associated with different outcomes?[J].Personality and Social Psychology Bulletin, 2000, 26(5): 605–618.

[53] CRAWSHAW J R, GAME A M.Organisational career management: The role of line manager caregiving and employee relational models [J] . Production Engineers Journal of the Institution of, 2010, 12 (12) : 532–539.

[54] CRAWSHAW J R, GAME A.The role of line managers in employee career management: an attachment theory perspective [J] .International Journal of Human Resource Management, 2015, 26 (9) : 1182–1203.

[55] DAHLING J J, LIBRIZZI U A.Integrating the Theory of Work Adjustment and Attachment Theory to Predict Job Turnover Intentions [J] .Journal of Career Development, 2015, 42 (3) : 215–228.

[56] DAVIDOVITZ R, MIKULINCER M, SHAVER P R, et al.Leaders as attachment figures: Leaders' attachment orientations predict leadership–related mental representations and followers' performance and mental health [J] .Journal of Personality & Social Psychology, 2007, 93 (4) : 632.

[57] DE DREU C K W, BAAS M, NIJSTAD B A.Hedonic tone and activation level in the mood–creativity link: Toward a dual pathway to creativity model [J] .Journal of Personality and Social Psychology, 2008, 94 (5): 739–756.

[58] DE DREU C K W, BAAS M, NIJSTAD B A.The Emotive Roots of Creativity: Basic and Applied Issues on Affect and Motivation [M] // Handbook of Organizational Creativity.San Diego: Academic Press, 2012: 217–240.

[59] DEAN J W, SNELL S A.Integrated Manufacturing and Job Design:

Moderating Effects of Organizational Inertia [J] .The Academy of Management Journal，1991，34（4）：776–804.

[60] DECI E L，RYAN R M.Intrinsic Motivation and Self–Determination in Human Behavior [M] .New York：Springer，1985.

[61] DIETRICH A.The cognitive neuroscience of creativity [J] .Psychonomic Bulletin & Review，2004，11（6）：1011.

[62] DREISBACH G，GOSCHKE T.How Positive Affect Modulates Cognitive Control：Reduced Perseveration at the Cost of Increased Distractibility [J] .Journal of Experimental Psychology：Learning，Memory，and Cognition，2004，30（2）：343–353.

[63] EDWARDS J R，LAMBERT L S.Methods for integrating moderation and mediation：A general analytical framework using modrated path analysis [J] .Psychological Methods，2007，12（1）：1–22.

[64] ELLIOT A J，REIS H T.Attachment and exploration in adulthood [J] . Journal of Personality and Social Psychology，2003，85（2）：317–331.

[65] EVANS J S B T.In two minds：dual–process accounts of reasoning [J] . Trends in Cognitive Sciences，2003，7（10）：454–459.

[66] FARMER S M，KUNG–MCINTYRE T K.Employee Creativity in Taiwan：An Application of Role Identity Theory [J] .The Academy of Management Journal，2003，46（5）：618–630.

[67] FEENEY，BROOKE C.The dependency paradox in close relationships：Accepting dependence promotes independence [J] .Journal of Personality and Social Psychology，2007，92（2）：268–285.

[68] FEENEY，BROOKE C.A Secure Base：Responsive Support of Goal Strivings and Exploration in Adult Intimate Relationships [J] .Journal of Personality and Social Psychology，2004，87（5）：631–648.

[69] FEENEY B C，COLLINS N L.Predictors of caregiving in adult Intimate

relationships: An attachment theoretical perspective [J] .Journal of Personality and Social Psychology, 2001, 80 (6) : 972–994.

[70] FEENEY B C, COLLINS N L.Motivations for Caregiving in Adult Intimate Relationships: Influences on Caregiving Behavior and Relationship Functioning[J].Personality and Social Psychology Bulletin, 2003, 29(8): 950–968.

[71] FEENEY B C, THRUSH R L.Relationship influences on exploration in adulthood: The characteristics and function of a secure base [J] .Journal of Personality and Social Psychology, 2010, 98 (1) : 57–76.

[72] FEENEY B, VAN VLEET M.Growing through attachment: The interplay of attachment and exploration in adulthood [J] .Journal of Social & Personal Relationships, 2010, 27 (2) : 226–234.

[73] FEENEY J A, NOLLER P.Attachment style and romantic love: Relationship dissolution [J] .Australian Journal of Psychology, 1992, 44 (2) : 69–74.

[74] FONG C T.The Effects of Emotional Ambivalence on Creativity [J] .The Academy of Management Journal, 2006, 49 (5) : 1016–1030.

[75] FOREST J, GENEVIÈVE A MAGEAU, CREVIER–BRAUD L, et al.Harmonious passion as an explanation of the relation between signature strengths' use and well–being at work: Test of an intervention program [J] .Human Relations, 2012, 65 (9) : 1233–1252.

[76] FRALEY R C.A connectionist approach to the organization and continuity of working models of attachment[J].Journal of Personality, 2010, 75(6): 1157–1180.

[77] FRALEY R C, WALLER N G, BRENNAN K A.An item response theory analysis of self–report measures of adult attachment [J] .Journal of Personality & Social Psychology, 2002, 78 (2) : 350–365.

[78] FRALEY R C, HEFFERNAN M E, VICARY A M, et al.The Experiences

in Close Relationships–Relationship Structures questionnaire: a method for assessing attachment orientations across relationships [J] .Psychological Assessment, 2011, 23 (3) : 615–625.

[79] FRALEY R C, HUDSON N W, HEFFERNAN M E, et al.Are adult attachment styles categorical or dimensional? A taxometric analysis of general and relationship–specific attachment orientations [J] .Journal of Personality and Social Psychology, 2015, 109 (2) : 354–368.

[80] FRALEY R C, WALLER N G.Adult attachment patterns: A test of the typological model [J] .Attachment Theory and Close Relationships, 1998: 77–114.

[81] FRAZIER M L, GOOTY J, LITTLE L M, et al.Employee Attachment: Implications for Supervisor Trustworthiness and Trust [J] .Journal of Business and Psychology, 2015, 30 (2) : 373–386.

[82] FRAZIER M L, JOHNSON P D, BOLTON J F.Attachment at work questionnaire: Development of a scale [C] .Paper presented at the Academy of Management Annual Meeting, Philadelphia, PA, 2007.

[83] FREDRICKSON B L.The Role of Positive Emotions in Positive Psychology: The Broaden–and–Build Theory of Positive Emotions [J] . Philosophical Transactions of the Royal Society of London, 2004, 359 (1449) : 1367–1378.

[84] FRIEDMAN M, RHOLES W S, SIMPSON J, et al.Attachment avoidance and the cultural fit hypothesis: A cross-cultural investigation[J]. Personal Relationships, 2010, 17 (1) : 20.

[85] GAGNÉ M, FOREST J, GILBERT M H, et al.The Motivation at Work Scale: Validation Evidence in Two Languages [J] .Educational & Psychological Measurement, 2010, 70 (4) : 628–646.

[86] GAJENDRAN R S, JOSHI A.Innovation in globally distributed teams: The role of LMX, communication frequency, and member influence on

team decisions [J] .Journal of Applied Psychology, 2012, 97 (6) : 1252–1261.

[87] GAME A M, CRAWSHAW J R.A question of fit: Cultural and individual differences in interpersonal justice perceptions [J] .Journal of Business Ethics, 2015, 144: 1–13.

[88] GAME A M.Negative emotions in supervisory relationships: The role of relational models [J] .Human Relations, 2008, 61 (3) : 355–393.

[89] GAME A M.Leadership and attachment theory: Understanding interpersonal dynamics in leader–follower relations [M] //The SAGE Handbook of Leadership.Thousand Oaks, CA: Sage Publications, 2011: 326–337.

[90] GAME A M, WEST M A, THOMAS G.The role of attachment and leader caregiving in followers' negative affective experiences [J] .Research on Emotion in Organizations, 2016, 12: 35–67.

[91] GARDNER D G, CUMMINGS L L.Activation theory and job design: Review and reconceptualization [J] .Research in Organizational Behavior, 1988, 10: 81–123.

[92] GELLER D, BAMBERGER P.Bringing avoidance and anxiety to the job: Attachment style and instrumental helping behavior among co–workers [J] .Human Relations, 2009, 62 (12) : 1803–1827.

[93] GEORGE C, WEST M.The development and preliminary validation of a new measure of adult attachment: the Adult Attachment Projective [J] . Attachment & Human Development, 2001, 3 (1) : 30–61.

[94] GEORGE J M, ZHOU J.When openness to experience and conscientiousness are related to creative behavior: An interactional approach [J] .Journal of Applied Psychology, 2001, 86 (3) : 513–524.

[95] GIBSON E J.Exploratory Behavior in the Development of Perceiving,

Acting, and the Acquiring of Knowledge [J] .Annual Review of Psychology, 1988, 39 (1) : 1–42.

[96] GILLATH O, HART J, NOFTLE E E, et al.Development and validation of a state adult attachment measure (SAAM) [J] .Journal of Research in Personality, 2009, 43 (3) : 362–373.

[97] GILSON L L, MADJAR N.Radical and incremental creativity: Antecedents and processes [J] .Psychology of Aesthetics, Creativity, and the Arts, 2011, 5 (1) : 21–28.

[98] GILSON L L, SHALLEY C E.A Little Creativity Goes a Long Way: An Examination of Teams' Engagement in Creative Processes [J] .Journal of Management, 2004, 30 (4) : 453–470.

[99] GONG Y, CHEUNG S Y, WANG M, et al.Unfolding the Proactive Process for Creativity: Integration of the Employee Proactivity, Information Exchange, and Psychological Safety Perspectives [J] . Journal of Management, 2012, 36 (5) : 603–612.

[100] GRANT A M, BERRY J W.The Necessity of Others is the Mother of Invention: Intrinsic and Prosocial Motivations, Perspective Taking, and Creativity [J] .Academy of Management Journal, 2011, 53 (206) : 375–383.

[101] GREEN J D, CAMPBELL W K.Attachment and Exploration in Adults: Chronic and Contextual Accessibility [J] .Personality and Social Psychology Bulletin, 2000, 26 (4) : 452–461.

[102] GRIFFIN D W, BARTHOLOMEW K.The Metaphysics of measurement: The case of adult attachment [M] //Advances in personal relationships: Attachment processes in adulthood.London: Kingsley, 1994: 17–52.

[103] GRIFFIN D W, BARTHOLOMEW K.Models of the Self and Other: Fundamental Dimensions Underlying Measures of Adult Attachment [J] .

Journal of Personality & Social Psychology, 1994, 67 (3): 430-445.

[104] GRODAL S, NELSON A J, SIINO R M.Help-seeking and help-giving as an organizational routine: Continual engagement in innovative work[J]. Social Science Electronic Publishing, 2014, 58 (1).

[105] Grohsjean T, Kober P, Zucchini L.Coming back to edmonton: : Competing with former employers and colleagues [J].Academy of Management Journal, 2015, 59 (2): 394-413.

[106] GUO J, DILLEY A E, GONZALES R.Creativity and Leadership in Organizations: A Literature Review.Creativity [J].Theories - Research - Applications, 2016, 3 (1): 127-151.

[107] HARMS P D.Adult attachment styles in the workplace [J].Human Resource Management Review, 2011, 21 (4): 285-296.

[108] HARMS P D.How leader and follower attachment styles are mediated by trust [J].Human relations, 2016, 69 (9): 1853-1876.

[109] HARMS P D, HAN G.Do Positive and Negative Forms of Relational Leadership Have a Nonlinear Relationship With Creativity? [J].Journal of Leadership Studies, 2016, 10 (1): 51-52.

[110] HAYES A F.Introduction to Mediation, Moderation, and Conditional Process Analysis: A Regression-Based Approach [M].New York: Guilford Press, 2013.

[111] HAZAN C, SHAVER P.Romantic love conceptualized as an attachment process [J].J Pers Soc Psychol, 1987, 52 (3): 511-524.

[112] HAZAN C, SHAVER P R.Love and work: An attachment-theoretical perspective [J].Journal of Personality and Social Psychology, 1990, 59 (2): 270-280.

[113] HENNESSEY B A, AMABILE T M.Reward, Intrinsic Motivation, and Creativity [J].American Psychologist, 1998, 53 (6): 674-675.

[114] HENNESSEY B A, AMABILE T M.Creativity [J].Annual Review of

Psychology，2010，3（61）：569–598.

［115］HESSE E.The Adult Attachment Interview：Protocol，method of analysis，and empirical studies［M］//CASSIDY J E，SHAVER P R E.Handbook of attachment：Theory，research，and clinical applications（2nd ed）.New York：Guilford Press，2008：1020–1045.

［116］HINOJOSA A S，DAVIS MCCAULEY K，RANDOLPH–SENG B，et al.Leader and follower attachment styles：Implications for authentic leader–follower relationships［J］.The Leadership Quarterly，2014，25（3）：595–610.

［117］HIRST G，KNIPPENBERG D V，ZHOU J.A Cross–Level Perspective on Employee Creativity：Goal Orientation，Team Learning Behavior，and Individual Creativity［J］.The Academy of Management Journal，2009，52（2）：280–293.

［118］HOGG M A，ADELMAN J R，BLAGG R D.Religion in the face of uncertainty：an uncertainty–identity theory account of religiousness［J］.Personality & Social Psychology Review An Official Journal of the Society for Personality & Social Psychology Inc，2010，14（1）：72.

［119］HOU N，STUHLMAN M，MENG H.Understanding the Development of LMX from the Attachment Perspective［C］.Paper presented at the Society of Industrial and Organizational Psychology，2016.

［120］HUDSON D L.Attachment theory and leader–follower relationships［J］.The Psychologist–Manager Journal，2013，16（3）：147–159.

［121］JOHNSTON M A.Delegation and organizational structure in small businesses influences of manager' s attachment patterns［J］.Group & Organization Management，2000，25（1）：4–21.

［122］JOHNSTON M A.Influences of adult attachment in exploration［J］.Psychological Reports，1999，84（1）：31–34.

［123］JONES D A.Getting even with one's supervisor and one's organization：

relationships among types of injustice, desires for revenge, and counterproductive work behaviors [J] .Journal of Organizational Behavior, 2009, 30 (4) : 525–542.

[124] JOPLIN J R W, QUICK N J C.Attachment Behavior and Health: Relationships at Work and Home [J] .Journal of Organizational Behavior, 1999, 20 (6) : 783–796.

[125] KAFETSIOS K, ATHANASIADOU M, DIMOU N.Leaders' and subordinates' attachment orientations, emotion regulation capabilities and affect at work: A multilevel analysis [J] .The Leadership Quarterly, 2014, 25 (3) : 512–527.

[126] KAHN W A.Relational systems at work [J] .Research in Organizational Behavior, 1998, 20 (3) : 39–76.

[127] CARMELI R K.Alive and creating: the mediating role of vitality and aliveness in the relationship between psychological safety and creative work involvement[J].Journal of Organizational Behavior, 2009, 30(6): 785–804.

[128] KAUPPILA, OLLI–PEKKA.When and How Does LMX Differentiation Influence Followers' Work Outcomes? The Interactive Roles of One's own LMX Status and Organizational Context [J] .Personnel Psychology, 2016, 69 (2) : 357–393.

[129] KELLER T.Parental images as a guide to leadership sensemaking: An attachment perspective on implicit leadership theories [J] .Leadership Quarterly, 2003, 14 (2) : 141–160.

[130] SHIN S J, KIM T Y, LEE J Y, et al.Cognitive Team Diversity and Individual Team Member Creativity: A Cross–Level Interaction [J] . Academy of Management Journal, 2012, 55 (1) : 197–212.

[131]KOBAK R.Adult Attachment: A Personality or Relationship Construct?[J]. Psychological Inquiry, 1994, 5 (1) : 42–44.

［132］LA GUARDIA J G，RYAN R M，COUCHMAN C E，et al.Within-person variation in security of attachment：A self-determination theory perspective on attachment，need fulfillment，and well-being［J］.Journal of Personality & Social Psychology，2000，79（3）：367-84.

［133］LAM C F，LIANG J，ASHFORD S J，et al.Job Insecurity and Organizational Citizenship Behavior：Exploring Curvilinear and Moderated Relationships［J］.Journal of Applied Psychology，2015，100（2）：499-510.

［134］LAVY S.Supervisor security provision：correlates and related mechanisms［J］.Psychological Reports，2014，114（3）：758-783.

［135］LAVY S，MIKULINCER M，SHAVER P R.Intrusiveness from an attachment theory perspective：A dyadic diary study［J］.Personality & Individual Differences，2013，55（8）：972-977.

［136］LIANG J.Psychological antecedents of promotive and prohibitive voice：A two-wave examination［J］.Academy of Management journal，2012，55（1）：71-92.

［137］LIAO H，LIU D，LOI R.Looking at both sides of the social exchange coin：A social cognitive perspective on the joint effects of relationship quality and differentiation on creativity［J］.Academy of Management Journal，2010，53（5）：1090-1109.

［138］LIDEN R C，ERDOGAN B，WAYNE S J，et al.Leader-member exchange，differentiation，and task interdependence：implications for individual and group performance［J］.Journal of Organizational Behavior，2006，27（6）：723-746.

［139］LITCHFIELD R C，FORD C M，GENTRY R J.Linking Individual Creativity to Organizational Innovation［J］.The Journal of Creative Behavior，2015，49（4）：279-294.

［140］LITTLE L，NELSON D，WALLACE J C，et al.Integrating attachment style, vigor at work, and extra-role performance [J] .Journal of Organizational Behavior, 2011, 32 (3) : 464–484.

[141] LITTMAN-OVADIA H, OREN L, LAVY S.Attachment and Autonomy in the Workplace New Insights [J] .Journal of Career Assessment, 2013, 21 (4) : 502–518.

[142] LIU D, CHEN X P, YAO X.From autonomy to creativity: a multilevel investigation of the mediating role of harmonious passion [J] .Journal of Applied Psychology, 2011, 96 (2) : 294–309.

[143] LIU D, GONG Y, ZHOU J, et al.Human Resource Systems, Employee Creativity, and Firm Innovation: The Moderating Role of Firm Ownership [J] .Academy of Management Journal, 2016, 60 (3) .

[144] LIU D, LIAO H, LOI R.The dark side of leadership: a three-level investigation of the cascading effect of abusive supervision on employee creativity [J] .Academy of Management Journal, 2012, 55 (5) : 1187–1212.

[145] LIU W, ZHANG P, LIAO J, et al.Abusive supervision and employee creativity: the mediating role of psychological safety and organizational identification [J] .Management Decision, 2015, 738 (4) : 181–201.

[146] MADJAR N, ORTIZ-WALTERS R.Trust in supervisors and trust in customers: Their independent, relative, and joint effects on employee performance and creativity [J] .Human Performance, 2009, 22 (2) : 128–142.

[147] MADJAR N, SHALLEY C E.Multiple Tasks' and Multiple Goals' Effect on Creativity: Forced Incubation or Just a Distraction? [J] . Journal of Management, 2008, 34 (4) : 786–805.

[148] MAGEAU G A, VALLERAND R J, CHAREST J, et al.On the development of harmonious and obsessive passion: the role of autonomy

support, activity specialization, and identification with the activity [J] . Journal of Personality, 2009, 77 (3) : 601–646.

[149]MARKUS H R, KITAYAMA S.Cultural Variation in the Self–Concept[M] // The Self: Interdisciplinary Approaches.New York: Springer, 1991.

[150] MARTIN R, GUILLAUME Y, THOMAS G, et al.Leader - Member Exchange (LMX) and Performance: A Meta - Analytic Review [J] . Personnel Psychology, 2016, 69 (1) : 67–121.

[151] MAYSELESS O.Attachment and the leader—follower relationship [J] . Journal of Social and Personal Relationships, 2010, 27 (2) : 271–280.

[152] MAYSELESS O, POPPER M.Reliance on leaders and social institutions: An attachment perspective [J] .Attachment & human development, 2007, 9 (1) : 73–93.

[153] METIN C S, BAYHAN K P.Linking secure attachment to commitment: trust in supervisors [J] .Leadership and Organization Development Journal, 2016, 37 (3) : 387–402.

[154] MIKULINCER M.Adult attachment style and information processing: individual differences in curiosity and cognitive closure [J] .Journal of Personality & Social Psychology, 1997, 72 (5) : 1217–1230.

[155] MIKULINCER M, FLORIAN V.Appraisal of and coping with a real–life stressful situation: The contribution of attachment styles [J] . Personality and Social Psychology Bulletin, 1995, 21 (4) : 406–414.

[156] MIKULINCER M, ORBACH I.Attachment styles and repressive defensiveness: the accessibility and architecture of affective memories[J]. Journal of Personality & Social Psychology, 1995, 68 (5) : 917–925.

[157] MIKULINCER M, SHAVER P R.A model of attachment–system functioning and dynamics in adulthood [M] .New York: Guilford Press, 2007.

[158] MIKULINCER M, SHAVER P R.Attachment in adulthood: Structure, dynamics, and change [M] .New York: Guilford Press, 2010.

[159] MIKULINCER M, SHAVER P R.Attachment in Adulthood: Structure, Dynamics and Change [J] .Attachment Theory & Close Relationships, 2007.

[160] MIKULINCER M, SHAVER P R.Adult Attachment and Caregiving: Individual Differences in Providing a Safe Haven and Secure Base to Others [M] //Moving Beyond Self-Interest: Perspectives from Evolutionary Biology, Neuroscience, and the Social Sciences.Oxford: Oxford University Press, 2012: 39-52.

[161] MIKULINCER M, SHAVER P R, GILLATH O, et al.Attachment, caregiving, and altruism: Boosting attachment security increases compassion and helping [J] .Journal of Personality and Social Psychology, 2005, 89 (5) : 817-839.

[162] MIKULINCER M, SHAVER P R, ROM E.The effects of implicit and explicit security priming on creative problem solving [J] .Cognition and Emotion, 2011, 25 (3) : 519-531.

[163] MIKULINCER M, SHEFFI E.Adult Attachment Style and Cognitive Reactions to Positive Affect: A Test of Mental Categorization and Creative Problem Solving [J] .Motivation and Emotion, 2000, 24 (3): 149-174.

[164] MIN H H, CHOI D Y, LEE K C.An Empirical Analysis of the Effect of Social and Emotional Intelligence on Individual Creativity Through Exploitation and Exploration [M] .New York: Springer, 2013: 79-98.

[165] MOLERO F, MORIANO J A, SHAVER P R.The influence of leadership style on subordinates' attachment to the leader [J] .Spanish Journal of Psychology, 2013, 16: E62.

[166] MOSS E, ST-LAURENT D.Attachment at school age and academic performance [J] .Developmental Psychology, 2001, 37 (6) : 863-874.

[167] MUMFORD M D, GUSTAFSON S B.Creativity syndrome: Integration, application, and innovation [J] .Psychological Bulletin, 1988, 103 (1): 27-43.

[168] MUMFORD M D, SCOTT G M, GADDIS B, et al.Leading creative people: Orchestrating expertise and relationships [J] .Leadership Quarterly, 2002, 13 (6) : 705-750.

[169] MURNIEKS C Y.Pathways of passion: identity centrality, passion, and behavior among entrepreneurs [J] .Journal of Management, 2014, 40 (6): 1583-1606.

[170] NIJSTAD B A, DE DREU C K, RIETZSCHEL E F, et al.The dual pathway to creativity model: Creative ideation as a function of flexibility and persistence [J] .European Review of Social Psychology, 2010, 21 (1) : 34-77.

[171] OHLY S, FRITZ C.Work characteristics, challenge appraisal, creativity, and proactive behavior: A multi-level study [J] .Journal of Organizational Behavior, 2010, 31 (4) : 543-565.

[172] OHLY S, FRITZ C.Work characteristics, challenge appraisal, creativity, and proactive behavior: A multi - level study [J] .Journal of Organizational Behavior, 2009, 31 (4) : 543-565.

[173] OHLY S, SONNENTAG S, PLUNTKE F.Routinization, work characteristics and their relationships with creative and proactive behaviors [J] .Journal of Organizational Behavior, 2006, 27 (3) : 257-279.

[174] OLDHAM G R, CUMMINGS A.Employee Creativity: Personal And Contextual Factors At Work [J] .Academy of Management Journal,

1996, 39 (3) : 607-634.

[175] OLSSON L, HEMLIN S, POUSETTE A.A multi-level analysis of leader-member exchange and creative performance in research groups[J]. The Leadership Quarterly, 2012, 23 (3) : 604-619.

[176] PAN W, SUN L Y, CHOW I H S.Leader-member exchange and employee creativity: Test of a multilevel moderated mediation model[J]. Human Performance, 2012, 25 (5) : 432-451.

[177] PARKE M R, SEO M G, SHERF E N.Regulating and facilitating: The role of emotional intelligence in maintaining and using positive affect for creativity [J] .Journal of Applied Psychology, 2015, 100 (3) : 917-934.

[178] PERRY-SMITH J, MANNUCCI P V.From creativity to innovation: The social network drivers of the four phases of the idea Journey [J] . Academy of Management Review, 2017, 42 (1) : 53-79.

[179] PETER T, BRAUN S, FREY D.How shared leadership affects individual creativity and support for innovation [C] .Paper presented at the Academy of Management Annual Meeting Proceedings, 2015.

[180] PIERCE J R, AGUINIS H.The Too-Much-of-a-Good-Thing Effect in Management [J] .Journal of Management: Official Journal of the Southern Management Association, 2013, 39 (2) : 313-338.

[181] PIERCE T, LYDON J E.Global and specific relational models in the experience of social interactions [J] .Journal of Personality & Social Psychology, 2001, 80 (4) : 613-631.

[182] PINES A M.Adult attachment styles and their relationship to burnout: A preliminary, cross-cultural investigation[J].Work & Stress, 2004, 18(1): 66-80.

[183] PODSAKOFF P M.Transformational leader behaviors and their effects on followers' trust in leader, satisfaction, and organizational citizenship

behaviors［J］.The Leadership quarterly，1990，1（2）：107–142.

［184］POPPER M.Narcissism and attachment patterns of personalized and socialized charismatic leaders［J］.Journal of Social and Personal Relationships，2002，19（6）：797–809.

［185］POPPER M，MAYSELESS O.Back to basics：Applying a parenting perspective to transformational leadership［J］.The Leadership Quarterly，2003，14（1）：41–65.

［186］POTOK Y，LITTMAN–OVADIA H.Does Personality Regulate the Work Stressor–Psychological Detachment Relationship?［J］.Journal of Career Assessment，2014，22（1）：43–58.

［187］RAHIMNIA F，SHARIFIRAD M S.Authentic Leadership and Employee Well–Being：The Mediating Role of Attachment Insecurity［J］.Journal of Business Ethics，2014：1–15.

［188］RAVITZ P.Adult attachment measures：A 25–year review［J］.Journal of psychosomatic research，2010，69（4）：419–432.

［189］REIS H T，CAROTHERS B J.Black and White or Shades of Gray：Are Gender Differences Categorical or Dimensional?［J］.Current Directions in Psychological Science，2014，23（1）：19–26.

［190］REIZER A.Influence of employees’ attachment styles on their life satisfaction as mediated by job satisfaction and burnout［J］.Journal of Psychology Interdisciplinary & Applied，2015，149（4）：356–377.

［191］RICHARDS D A，HACKETT R D.Attachment and emotion regulation：Compensatory interactions and leader–member exchange［J］.The Leadership Quarterly，2012，23（4）：686–701.

［192］RICHARDS D A，SCHAT A C.Attachment at （not to） work：applying attachment theory to explain individual behavior in organizations［J］.Journal of Applied Psychology，2011，96（1）：169–182.

［193］RIOUX L.Construction of a workplace attachment scale：An exploration［J］.

Canadian Journal of Behavioural Science, 2006, 38（4）: 325-336.

[194] RONEN S, MIKULINCER M.Attachment orientations and job burnout: The mediating roles of team cohesion and organizational fairness [J]. Journal of Social and Personal Relationships, 2009, 26（4）: 549-567.

[195] ROSKES M, DE DREU C K, NIJSTAD B A.Necessity is the mother of invention: avoidance motivation stimulates creativity through cognitive effort [J].Journal of Personality & Social Psychology, 2012, 103（2）: 242-256.

[196] RUSSELL J A.A circumplex model of affect [J].Journal of Personality & Social Psychology, 1980, 39（6）: 1161-1178.

[197] SAGIV L, ARIELI S, GOLDENBERG J, et al.Structure and freedom in creativity: The interplay between externally imposed structure and personal cognitive style [J].Journal of Organizational Behavior, 2010, 31（8）: 1086-1110.

[198] SCHMITT D P, ALCALAY L, ALLENSWORTH M, et al.Patterns and Universals of Adult Romantic Attachment Across 62 Cultural Regions Are Models of Self and of Other Pancultural Constructs? [J].Journal of Cross-Cultural Psychology, 2004, 35（4）: 367-402.

[199] SCOTT S G, BRUCE R A.Determinants of innovative behavior: A path model of individual innovation in the workplace [J].Academy of Management Journal, 1994, 37（3）: 580-607.

[200] SCRIMA F.The convergent-discriminant validity of the Workplace Attachment Scale（WAS）[J].Journal of Environmental Psychology, 2015: 4324-4329.

[201] SHALLEY C E.Effects of Coaction, Expected Evaluation, and Goal Setting on Creativity and Productivity [J].Academy of Management Journal, 1995, 38（2）: 483-503.

［202］SHALLEY C E，GILSON L L，BLUM T C.Interactive Effects of Growth Need Strength，Work Context，and Job Complexity on Self-Reported Creative Performance［J］.Academy of Management Journal，2009，52（3）：489-505.

［203］SHALLEY C E，ZHOU J，OLDHAM G R.The Effects of Personal and Contextual Characteristics on Creativity：Where Should We Go from Here?［J］.Journal of Management，2004，30（6）：933-958.

［204］SHELDON K M，ELLIOT A J.Goal striving，need satisfaction，and longitudinal well-being：the self-concordance model［J］.Journal of Personality & Social Psychology，1999，76（3）：482-497.

［205］SHIN S J.Leadership and creativity：the mechanism perspective［M］// SHALLEY C E，HITT M A，ZHOU J.The Oxford Handbook of Creativity，Innovation and Enterpreneurship.Oxford：Oxford University Press，2015.

［206］SHIN S J，ZHOU J.Transformational Leadership，Conservation，and Creativity：Evidence From Korea［J］.Academy of Management Journal，2003，46（6）：703-714.

［207］SIBLEY C G，OVERALL N C.Modeling the hierarchical structure of personality-attachment associations：Domain diffusion versus domain differentiation［J］.Journal of Social and Personal Relationships，2010，27（1）：47-70.

［208］SIMPSON J A.Influence of attachment styles on romantic relationships［J］.Journal of Personality & Social Psychology，1990，59（59）：971-980.

［209］SIMPSON J A，HOWLAND M.Bringing the Partner Into Attachment Theory and Research［J］.Journal of Family Theory & Review，2012，4（4）：282-289.

［210］SIMPSON J A，OVERALL N C.Partner Buffering of Attachment

Insecurity [J] .Current Directions in Psychological Science, 2014, 23 (1) : 54–59.

[211] SIMPSON J A, RHOLES W S, PHILLIPS D.Conflict in close relationships: an attachment perspective [J] .Journal of personality and social psychology, 1996, 71 (5) : 899.

[212] SMITH P B, WASTI S A, GRIGORYAN L, et al.Are Guanxi–Type Supervisor–Subordinate Relationships Culture–General? An Eight–Nation Test of Measurement Invariance [J] .Journal of Cross–Cultural Psychology, 2014, 45 (6) : 921–938.

[213] SPARROWE R T, LIDEN R C.Two Routes to Influence: Integrating Leader–Member Exchange and Social Network Perspectives [J] . Administrative Science Quarterly, 2005, 50 (4) : 505–535.

[214] SRIVASTAVA S, BEER J S.How self–evaluations relate to being liked by others: Integrating sociometer and attachment perspectives [J] . Journal of Personality and Social Psychology, 2005, 89 (6) : 966–977.

[215] TARAS V, KIRKMAN B L, STEEL P.Examining the Impact of Culture's Consequences: A Three–Decade, Multilevel, Meta–Analytic Review of Hofstede' s Cultural Value Dimensions [J] .Journal of Applied Psychology, 2010, 95 (3) : 405–439.

[216] THOMAS G, MARTIN R, EPITROPAKI O, et al.Social cognition in leader–follower relationships: Applying insights from relationship science to understanding relationship–based approaches to leadership[J]. Journal of Organizational Behavior, 2013, 34 (1) : S63–S81.

[217] TIERNEY P.Work relations as a precursor to a psychological climate for change: The role of work group supervisors and peers [J] .Journal of Organizational Change Management, 1999, 12 (2) : 120–134.

[218] TIERNEY P.Leadership and employee creativity [M] // ZHOU J,

SHALLEY C E.Handbook of organizational creativity.New York: Lawrence Erlbaum，2008：95–124.

[219] TIERNEY P，FARMER S M.Creative self–efficacy development and creative performance over time [J] .Journal of Applied Psychology，2011，96（2）：277.

[220] TIERNEY P，FARMER S M.Creative self–efficacy：Its potential antecedents and relationship to creative performance [J] .Academy of Management Journal，2002，45（6）：1137–1148.

[221] TIERNEY P，FARMER S M.The Pygmalion Process and Employee Creativity [J] .Journal of Management：Official Journal of the Southern Management Association，2004，30（3）：413–432.

[222] TO M L，FISHER C D，ASHKANASY N M，et al.Within–person relationships between mood and creativity [J] .Journal of Applied Psychology，2012，97（3）：599–612.

[223] TOOBY J，COSMIDES L.The past explains the present：Emotional adaptations and the structure of ancestral environment [J] .Ethology and Sociobiology，11，375–424.

[224] TOWLER A.Charismatic leadership development：Role of parental attachment style and parental psychological control [J] .Journal of Leadership & Organizational Studies，2005，11（4）：15–25.

[225] TOWLER A J，STUHLMACHER A F.Attachment styles，relationship satisfaction，and well–being in working women [J] .Journal of Social Psychology，2013，153（3）：279–298.

[226] UNDERWOOD R.Attachment Style，Leadership Behavior，and Perceptions of Leader Effectiveness in Academic Management [D] . Walden University，Minnesota，2015.

[227] UNSWORTH K.Unpacking Creativity [J] .Academy of Management Review，2001，26（26）：286–297.

[228] VALLERAND R J.Les passions de l'âme: On obsessive and harmonious passion[J].Journal of personality and social psychology, 2003, 85(4): 756-767.

[229] VAN DYNE L, JEHN K A, CUMMINGS A.Differential effects of strain on two forms of work performance: individual employee sales and creativity [J] .Journal of Organizational Behavior, 2002, 23 (1): 57-74.

[230] VENKATARAMANI V, RICHTER A W, CLARKE R.Creative Benefits From Well-Connected Leaders: Leader Social Network Ties as Facilitators of Employee Radical Creativity [J] .Journal of Applied Psychology, 2014, 99 (5): 966-975.

[231] VOLMER J, SPURK D, NIESSEN C.Leader-member exchange (LMX), job autonomy, and creative work involvement [J] .Leadership Quarterly, 2012, 23 (3): 456-465.

[232] WANG P, RODE J C.Transformational Leadership and Follower Creativity: The Moderating Effects of Identification with Leader and Organizational Climate [J] .Human Relations, 2010, 63 (8): 1105-1128.

[233] WANG X H, FANG Y, QURESHI I, et al.Understanding employee innovative behavior: Integrating the social network and leader-member exchange perspectives [J] .Journal of Organizational Behavior, 2015, 36 (3): 403-420.

[234] WEST A L.Associations Among Attachment Style, Burnout, and Compassion Fatigue in Health and Human Service Workers: A Systematic Review [J] .Journal of Human Behavior in the Social Environment, 2015, 25 (6): 571-590.

[235] WOODMAN R W, SAWYER J E, GRIFFIN R W.Towards a Theory of Organizational Creativity [J] .Academy of Management Review,

1993，18（2）：293–321.
［236］WU C，YANG C.Attachment and exploration in adulthood：The mediating effect of social support［J］.International Journal of Psychology，2012，47（5）：346–354.
［237］WU C H，PARKER S K.The Role of Leader Support in Facilitating Proactive Work Behavior A Perspective From Attachment Theory［J］. Journal of Management，2017，93（4）：632–650.
［238］WU C H，PARKER S K，DE JONG J P.J.Feedback seeking from peers：A positive strategy for insecurely attached team–workers［J］. Human Relations，2014，67（4）：441–464.
［239］YIP J，EHRHARDT K，BLACK H，et al.Attachment theory at work：A review and directions for future research［J］.Journal of Organizational Behavior，2017.
［240］YOSHIDA D T，SENDJAYA S，HIRST G，et al.Does servant leadership foster creativity and innovation? A multi–level mediation study of identification and prototypicality［J］.Journal of Business Research，2014，67（7）：1395–1404.
［241］YUAN F，WOODMAN R W.Innovative behavior in the workplace：the role of performance and image outcome expectations［J］.Academy of Management Journal，2010，53（2）：323–342.
［242］ZHANG L，LAM C F，DENG Y.Leader–member exchange and guanxi are not the same：differential impact of dyadic relationships on fit perceptions，helping behavior，and turnover intention［J］. International Journal of Human Resource Management，2016，28（7）：1–26.
［243］ZHANG X，BARTOL K M.Linking empowering leadership and employee creativity：The influence of psychological empowerment，intrinsic motivation，and creative process engagement［J］.Academy of

Management Journal, 2010, 53 (1): 107–128.

[244] ZHANG X, ZHOU J.Empowering leadership, uncertainty avoidance, trust, and employee creativity: Interaction effects and a mediating mechanism [J] .Organizational Behavior & Human Decision Processes, 2014, 124 (2): 150–164.

[245] ZHANG Y, LONG L, WU T Y, et al.When is pay for performance related to employee creativity in the Chinese context? The role of guanxi HRM practice, trust in management, and intrinsic motivation [J] . Journal of Organizational Behavior, 2015, 36 (5): 698–719.

[246] ZHANG Y, LONG L, ZHANG J.Pay for performance and employee creativity: The importance of procedural justice and willingness to take risks [J] .Management Decision, 2015, 53 (7): 1378–1397.

[247] ZHAO H, KESSEL M, KRATZER J.Supervisor–subordinate relationship, differentiation, and employee creativity: A self-categorization perspective [J] .Journal of Creative Behavior, 2014, 48 (3): 165–184.

[248] ZHOU J.When the presence of creative coworkers is related to creativity: Role of supervisor close monitoring, developmental feedback, and creative personality [J] .Journal of Applied Psychology, 2003, 88 (3): 413–422.

[249] ZHOU J, GEORGE J M.When job dissatisfaction leads to creativity: Encouraging the expression of voice [J] .Academy of Management journal, 2001, 44 (4): 682–696.

[250] ZHOU J, HOEVER I J.Research on workplace creativity: A review and redirection [J] .Annual Review of Organizational Psychology and Organizational Behavior, 2014: 1333–359.

[251] ZHOU J, SHALLEY C E.Research on Employee Creativity: A Critical Review and Directions for Future Research [M] // MARTOCCHIO

J.Research in Personnel & Human Resources Management （Vol.22）. Oxford：Elsevier，2003：165–217.

［252］ZHOU J，SHIN S J，BRASS D J，et al.Social Networks，Personal Values，and Creativity：Evidence for Curvilinear and Interaction Effects ［J］.Journal of Applied Psychology，2009，94（6）：1544–1552.

［253］ZHOU Q，HIRST G，SHIPTON H.Promoting Creativity at Work：The Role of Problem–Solving Demand［J］.Applied Psychology，2012，61（1）：56–80.

［254］ZHU Q，VENGEROV D.Context matters：Combined influence of participation and intellectual stimulation on the promotion focus–employee creativity relationship［J］.Journal of Organizational Behavior，2012，33（7）：894–909.

［255］侯杰泰，温忠麟，成子娟 . 结构方程模型及其应用［M］. 北京：教育科学出版社，2004.

［256］冯帆，杨忠 . 组织激励与知识共享：员工心理需求的匹配效应［J］. 南京社会科学，2009（5）：44–51.

［257］周浩，龙立荣 . 工作不安全感、创造力自我效能对员工创造力的影响［J］. 心理学报，2011，43（8）：929–940.

［258］宋亚辉，何莉，巩振兴，等 . 工作激情影响员工创造性绩效的中介机制［J］. 浙江大学学报（理学版），2015，42（6）：652–659.

［259］张剑，宋亚辉，叶岚，等 . 工作激情研究：理论及实证［J］. 心理科学进展，2014（8）.

［260］张勇，龙立荣，贺伟 . 绩效薪酬对员工突破性创造力和渐进性创造力的影响［J］. 心理学报，2014，46（12）：1880–1896.

［261］彭泗清，韩践，赵志裕 . 员工多元化管理与企业创新［J］. 管理世界，2008（8）：182–183.

［262］朱苏丽，龙立荣，贺伟，等 . 超越工具性交换：中国企业员工——组织类亲情交换关系的理论建构与实证研究［J］. 管理世界，2015

（11）：119–134.

［263］朱迪，傅强．员工依恋风格、社会认同与建言行为：辱虐管理之有调节的中介［J］．苏州大学学报（哲学社会科学版），2016（5）：112–120.

［264］李同归，刘飏．团体依恋的概念与测量：项目因子分析方法的应用［J］．北京大学学报（自然科学版），2012，48（2）：331–342.

［265］李宣佑．亲密友谊中自我揭露与心理安全感对于探索行为的影响之初探［D］．台北：台湾大学，2014.

［266］李艳霞，杨永康．上司依恋模式结构、情感承诺关系与员工绩效［J］．河南社会科学，2015，23（7）：94–98.

［267］李锐，凌文辁，柳士顺．上司不当督导对下属建言行为的影响及其作用机制［J］．心理学报，2009，41（12）：1189–1202.

［268］杨晶，刘舶航，王斌，等．激励方式对员工创新能力的影响机制［J］．人类工效学，2015，21（1）：57–60.

［269］王大华，杨小洋，王岩，等．老年人夫妻依恋的测量及与一般依恋的关系［J］．心理学报，2015，47（9）：1133–1142.

［270］赵慧娟，龙立荣．个人–组织匹配与工作满意度–价值观匹配、需求匹配与能力匹配的比较研究［J］．工业工程与管理，2009，14（4）：113–117.

［271］路璐．团体依恋如何影响创造力：自主动机的中介作用和领导行为的调节作用［D］．北京：北京大学，2014.

［272］郭晓薇．中国情境中的上下级关系构念研究述评——兼论领导–成员交换理论的本土贴切性［J］．南开管理评论，2011，14（2）：61–68.

［273］陈琳，乐国林，王利敏．依恋理论在组织研究中的应用与启示［J］．心理与行为研究，2015，13（6）：853–860.

［274］顾远东，彭纪生．组织创新氛围对员工创新行为的影响：创新自我效能感的中介作用［J］．南开管理评论，2010，13（1）：30–41.

附录　调查问卷

研究一使用的正式施测调查问卷

指导语：以下是一些关于员工与领导关系的描述，请选择最符合您实际情况的选项。1= 完全不符合；2= 非常不符合；3= 比较不符合；4= 一般；5= 比较符合；6= 非常符合；7= 完全符合。

下属 – 领导依恋关系问卷（调查对象自评，采用 7 点进行评分）

安全依恋

	1	2	3	4	5	6	7
1. 在工作中我能和领导处理好关系							
2. 我感到可以很轻松地信赖我的领导							
3. 当我需要的时候我可以指望得到领导的支持							
4. 我觉得在工作中和领导走得近是很容易的事情							
5. 我可以很坦诚地与领导讨论问题							
6. 在工作中得到领导的信赖让我感觉很自在							

回避依恋

	1	2	3	4	5	6	7
7. 总的来说，我不喜欢让领导知道自己内心深处的想法							
8. 我不太喜欢领导了解我太多							
9. 当领导希望跟我走得很近时，我会觉得不自在							
10. 我试图避免与领导变得太亲近							
11. 我发现让我依赖领导，是一件困难的事情							
12. 我尽量不去向领导寻求帮助或建议							

焦虑依恋

	1	2	3	4	5	6	7
13. 我常常担心我和领导的关系							
14. 如果我无法得到领导的关注和支持，我会心里不舒服							
15. 我常常担心领导并不真的喜欢我							
16. 我常常担心领导不愿意和我一起工作							
17. 我担心一旦领导了解真实的我，他 / 她可能不会喜欢我							
18. 我担心在领导眼中我比不上其他同事							

指导语：以下是一些关于工作中心理状态的描述，请选择最符合您实际情况的选项。1= 完全不符合；2= 非常不符合；3= 比较不符合；4= 一般；5= 比较符合；6= 非常符合；7= 完全符合。

心理安全感（调查对象自评，采用 7 点进行评分）

	1	2	3	4	5	6	7
1. 我在工作中表达的看法都是自己真实的感受							
2. 在工作中我可以随意展示自己							
3. 在工作中我可以自由表达自己的真实感受							
4. 在工作中我担心表达真实想法会对自己不利							
5. 在工作中当我有不同意见时，不会遭到故意刁难							

信任量表（调查对象自评，采用 7 点进行评分）

	1	2	3	4	5	6	7
1. 我相信我的领导会公平对待我							
2. 我的领导从来不会欺骗员工来获得利益							
3. 我很肯定领导的人品							
4. 我对领导非常忠诚							
5. 在紧要时刻，我会支持我的领导							
6. 我对领导有强烈的忠诚感							

研究二使用的调查问卷

指导语：以下是一些关于员工与领导关系的描述，请选择最符合您实际情况的选项。1= 完全不符合；2= 非常不符合；3= 比较不符合；4= 一般；5= 比较符合；6= 非常符合；7= 完全符合。

下属 – 领导安全依恋（员工自评，采用 7 点进行评分）

	1	2	3	4	5	6	7
1. 在工作中我能和领导处理好关系							
2. 我感到可以很轻松地信赖我的领导							
3. 当我需要的时候我可以指望得到领导的支持							
4. 我觉得在工作中和领导走得近是很容易的事情							
5. 我可以很坦诚地与领导讨论问题							
6. 在工作中得到领导的信赖让我感觉很自在							

指导语：以下是一些关于工作状态的描述，请选择最符合您实际情况的选项。1= 完全不符合；2= 非常不符合；3= 比较不符合；4= 一般；5= 比较符合；6= 非常符合；7= 完全符合。

和谐激情（员工自评，采用 7 点进行评分）

	1	2	3	4	5	6	7
1. 这个工作给了我丰富的体验							
2. 我从这份工作中得到的新收获，让我更欣赏这项工作了							
3. 这份工作让我有难忘的经历							
4. 这份工作能体现我自身好的一些品质							
5. 这份工作和我生活中其他的事情非常和谐							
6. 在工作中我仍然有去追逐的激情							
7. 我完全被这个工作所吸引							

环境不确定（员工自评，采用 7 点进行评分）

	1	2	3	4	5	6	7
1. 工作中有很多不确定因素							
2. 工作中的很多事情似乎都没有定论							
3. 当我想到工作，我就感到很不确定							
4. 我无法预测工作会有什么变化							

创造力（直接领导评价，采用 7 点进行评分）

这名员工：

	1	2	3	4	5	6	7
1. 会首先尝试新的想法或方案							
2. 寻找新的途径来解决问题							
3. 在工作中产生开拓性的想法							
4. 是团队中创新的代表							

研究三使用的调查问卷

指导语：以下是一些关于员工与领导关系的描述，请选择最符合您实际情况的选项。1= 完全不符合；2= 非常不符合；3= 比较不符合；4= 一般；5= 比较符合；6= 非常符合；7= 完全符合。

下属 – 领导回避依恋（员工自评，采用 7 点进行评分）

	1	2	3	4	5	6	7
1. 总的来说，我不喜欢让领导知道自己内心深处的想法							
2. 我不太喜欢领导了解我太多							
3. 当领导希望跟我走得很近时，我会觉得不自在							
4. 我试图避免与领导变得太亲近							
5. 我发现让我依赖领导，是一件困难的事情							
6. 我尽量不去向领导寻求帮助或建议							

下属 – 领导焦虑依恋（员工自评，采用 7 点进行评分）

	1	2	3	4	5	6	7
1. 我常常担心我和领导的关系							
2. 如果我无法得到领导的关注和支持，我会心里不舒服							
3. 我常常担心领导并不真的喜欢我							
4. 我常常担心领导不愿意和我一起工作							
5. 我担心一旦领导了解真实的我，他 / 她可能不会喜欢我							
6. 我担心在领导眼中我比不上其他同事							

创造性投入（员工自评，采用 7 点进行评分）

	1	2	3	4	5	6	7
1. 我从多角度思考问题							
2. 我仔细考虑不同来源的信息以产生新的想法							
3. 我花大量时间整理筛选那些帮助我产生新想法的信息							

工作创新要求（员工自评，采用 7 点进行评分）

	1	2	3	4	5	6	7
1. 我的工作职责包含寻找新技术和方法							
2. 提出新想法是我工作职责的一部分							
3. 我的工作需要我去尝试解决问题的新方法							

创造力（直接领导评价，采用 7 点进行评分，时间 3 采集）

这名员工：

	1	2	3	4	5	6	7
1. 会首先尝试新的想法或方案							
2. 寻找新的途径来解决问题							
3. 在工作中产生开拓性的想法							
4. 是团队中创新的代表							

研究四使用的调查问卷

指导语：以下是一些关于您直属领导日常行为的描述，请选择最符合您实际情况的选项。1= 完全不符合；2= 非常不符合；3= 比较不符合；4= 一般；5= 比较符合；6= 非常符合；7= 完全符合。

领导安全基地支持行为（员工评价，7 点计分，时间 1 采集）

	1	2	3	4	5	6	7
1. 当我为某事而担心或恼怒时，我的领导能够理解并支持我							
2. 当我从事一项充满压力与困难的任务时，我的领导会给我支持与鼓励							
3. 当我在某个困难的任务或问题上需要帮助时，领导会给我提供建议与帮助							
4. 我的领导鼓励我实现我的潜力							
5. 领导允许我在设定自己的绩效目标时可以有较大的自主性							
6. 当我告诉领导我想尝试新的东西时，我的领导会鼓励我去做							
7. 领导赋予我这样的权利：未经他的允许，我可以自己作出重要的决定并实施							
8. 领导鼓励我自己决定完成某项任务或目标时所采用的最佳方式。							
9. 领导鼓励我依靠自己去积极主动解决问题							

指导语：以下是一些关于员工与领导关系的描述，请选择最符合您实际情况的选项。1= 完全不符合；2= 非常不符合；3= 比较不符合；4= 一般；5= 比较符合；6= 非常符合；7= 完全符合。

下属－领导回避依恋（员工评价，采用 7 点进行评分，时间 1 采集）

	1	2	3	4	5	6	7
1. 总的来说，我不喜欢让领导知道自己内心深处的想法							
2. 我不太喜欢领导了解我太多							
3. 当领导希望跟我走得很近时，我会觉得不自在							
4. 我试图避免与领导变得太亲近							
5. 我发现让我依赖领导，是一件困难的事情							
6. 我尽量不去向领导寻求帮助或建议							

下属 – 领导焦虑依恋（员工评价，采用 7 点进行评分，时间 1 采集）

	1	2	3	4	5	6	7
1. 我常常担心我和领导的关系							
2. 如果我无法得到领导的关注和支持，我会心里不舒服							
3. 我常常担心领导并不真的喜欢我							
4. 我常常担心领导不愿意和我一起工作							
5. 我担心一旦领导了解真实的我，他 / 她可能不会喜欢我							
6. 我担心在领导眼中我比不上其他同事							

指导语：以下是一些关于工作状态的描述，请选择最符合您实际情况的选项。1= 完全不符合；2= 非常不符合；3= 比较不符合；4= 一般；5= 比较符合；6= 非常符合；7= 完全符合。

创造性自我效能（员工评价，采用 7 点进行评分，时间 2 采集）

	1	2	3	4	5	6	7
1. 我擅长提出一些新颖的想法							
2. 我有能力创造性地解决问题							
3. 我拥有可以进一步改进别人的观点的诀窍							
4. 我擅长发现一些有创意的方法来解决问题							

内部动机（员工评价，采用 7 点进行评分，时间 2 采集）

	1	2	3	4	5	6	7
1. 我工作是因为我非常喜欢这份工作							
2. 我工作是因为工作时我感到非常快乐							
3. 我工作是因为工作带给我很多乐趣							

指导语：以下是一些关于工作特征的描述，请选择最符合您实际情况的选项。1= 完全不符合；2= 非常不符合；3= 比较不符合；4= 一般；5=

比较符合；6= 非常符合；7= 完全符合。

	1	2	3	4	5	6	7
1. 工作中需要大量的专业知识							
2. 工作中有很多需要解决问题的任务							
3. 工作内容很复杂							

指导语：以下是对您下属员工工作状态的描述，请选择最符合他 / 她实际情况的选项。1= 完全不符合；2= 非常不符合；3= 比较不符合；4= 一般；5= 比较符合；6= 非常符合；7= 完全符合。

创造力（直接领导评价，采用 7 点进行评分，时间 3 采集）

这名员工：

	1	2	3	4	5	6	7
1. 会首先尝试新的想法或方案							
2. 寻找新的途径来解决问题							
3. 在工作中产生开拓性的想法							
4. 是团队中创新的代表							